planner juspodivm

do concurseiro

2025

Este planner pertence a

e em 2025 eu quero

TELEFONE ____________________

E-MAIL ____________________

Apresentação

Equilibrar estudos, tarefas pessoais e lazer é um dos maiores desafios dos candidatos a um concurso público. Organização e estratégia são fundamentais para que o concurseiro aumente exponencialmente seu rendimento nos estudos.

É muito comum que temas alheios ao ato de estudar interfiram na programação diária e semanal dos candidatos. Uma ida ao banco, um almoço com os amigos ou até mesmo uma emergência podem desorganizar sua programação. Por isso, é importante que o candidato organize sua rotina não apenas prevendo as horas em que estudará, mas também contando com imprevistos e situações corriqueiras do dia a dia.

Pesquisas atuais indicam que hábitos pessoais também têm grande influência no rendimento. A retenção de informações é severamente prejudicada ao se estudar com sono, fome ou desidratado.

Com o acirramento dos concursos, que têm cada vez menos vagas, é essencial ao estudante se preparar não apenas do ponto de vista técnico, mas também visando uma preparação holística, que englobe bom conteúdo, porém não abrindo mão de hábitos saudáveis para o corpo e a mente. Afinal, o estresse é um fator relevante, que atua negativamente sobre a capacidade de memória e concentração, afetando o aproveitamento de suas horas de estudo e, consequentemente, seu aprendizado.

Para ajudá-los nessa tarefa, a equipe da Editora Juspodivm desenvolveu, em parceria com vários concurseiros, um *planner* completo não apenas para seus estudos, mas que atenda também as necessidades de seu dia a dia, como contas a pagar, momentos de lazer, alimentação e – tudo isso! – sem perder de vista as especificidades da vida de um concurseiro. Com o *Planner Juspodivm*, você poderá acompanhar a tramitação de seu concurso e registrar seu progresso nos simulados e horas de estudo, facilitando a identificação de gargalos de desempenho.

Já é do conhecimento de todos que a Juspodivm preza por estabelecer uma valiosa parceria com seus consumidores e autores. Mantendo-se nesta linha, agradecemos aos *digital influencers* parceiros da editora, que, juntamente com seus seguidores, selecionaram suas frases motivacionais preferidas.

Numa breve nota pessoal, aproveito este espaço para também homenageá-los. Quando comecei minha atuação no mercado de concursos, o contato com os *digital influencers* foi um guia fundamental para me situar nesse universo. A Juspodivm reconhece em nossos parceiros esse papel indispensável e aproveita esta oportunidade para agradecê-los:

Caio Domingues (@jurisconsultt); Camila Nava Smaniotto (@euvoupassei); Dayana da Silva Sales (@corujinha_juridica); Gabriela Martins Miranda (@_focanoconcurso); Isadora Mourão Gomes (@isadoramradv); Jeniffer Naiara Martins Gallo Santos (@coisasdeconcurseira); Joicy Fernandes Romano (@focojoy); Karina Adami (@concursandanostribunais); Larissa Gonçalves (@criminais); Lettícia Assami Borges de Souza (@focodeconcurseira); Marina Dallapicola Teixeira Mignoni (@magistradaemformacao); Mauri José de Moura Neto (@concurseiroiniciantee); Michele Luiza Kozik (@_study_mi); Natália Lais Santos Pinto (@juizadotrabalho); Nathália Reis Pereira (@vouser.juiza); Priscila Gomes Fagundes (@concurseiralavoueu) e Thanaia Balverdu Raffo (@queropossoconsigo).

Thiago Freitas

Gerente de Inovação e Projetos da Editora Juspodivm.

Como usar seu Planner Juspodivm

O **Planner Juspodivm** é repleto de ferramentas para o seu dia a dia. Para ajudá-lo a se localizar, elas foram separadas por periodicidade, divididas entre Anuais, Mensais, Semanais e Diárias:

FERRAMENTAS ANUAIS

Controle Financeiro Anual: Marque aqui suas contas e despesas fixas mensais! Na abertura de cada mês, você poderá controlar também recebimentos e gastos mais corriqueiros. ;)

Metas para 2025: Um *checklist* para guiar o seu ano! Marque aqui tudo o que pretende alcançar em 2025. Seja realista! Uma meta modesta cumprida é melhor que uma meta ambiciosa adiada.

Lista de Leitura: Acompanhe o seu progresso! Conforme avançar na leitura da obra, lembre-se de pintar ou ticar as bolinhas:

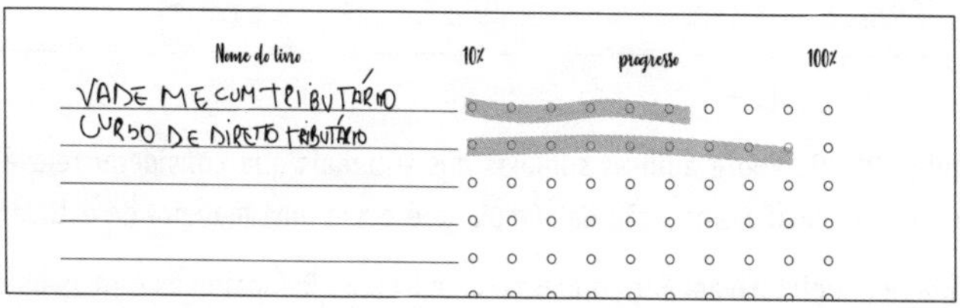

Acompanhamento de Tramitação: Não perca de vista o seu concurso dos sonhos! Anote aqui cada etapa da tramitação de seu concurso para se planejar com mais antecedência. Separe um tempo semanalmente para verificar o andamento de seu alvo.

Edital Sistematizado: Seu edital saiu? Anote aqui as informações sobre ele! Liste as matérias da prova e marque o que já estudou com nosso *checklist*.

Disciplina	Nº. de Questões	Peso	doutrina	legislação	jurisprudência	questões
DIREITO CIVIL	40		☒	☒	☒	☒
PROCESSUAL CIVIL	40		☒	☒	☒	☐
CONSUMIDOR	40		☒	☐	☒	☐
			☐	☐	☐	☐

Dia da Prova: Organize aqui todas as informações relevantes para evitar preocupação no dia da prova – passagem, hospedagem e um *checklist* para não se esquecer de nada!

Resultado da Prova: Relacione aqui seu desempenho por matéria, além de como se sentiu durante a prova. Registrar suas dúvidas e seu humor durante a prova te dará *feedbacks* para melhorar nas provas seguintes!

Tempo de preparo prévio ① ② ③ ④ ⑤ ⑥ ⑦ ⑧ ⑨ ⑩ ⑪ ⑫ meses ① ② ③ ④ ⑤ anos

Disciplina	Dificuldade	Questões	Peso	Acertos	Aproveitamento
PENAL	🙂	9		9	☒☒☒☒☒☒☒☒☒☐
PROCESSUAL PENAL	🙂	10		10	☒☒☒☒☒☒☒☒☒☒
CIVIL	😐	10		05	☒☒☒☒☒☐☐☐☐☐

Súmulas 2025: Anote aqui as súmulas dos tribunais que considerar relevantes para seus estudos! A anotação da súmula já é em si uma maneira de estudar!

Novidades Legislativas: Faça o mesmo com as leis! Relacione as principais alterações, com o resumo de seu impacto nos seus estudos.

Resumo de 2025: Quatro páginas para você fazer o seu balanço de 2025 e registrar tudo o que levará para 2026!

FERRAMENTAS MENSAIS

Planner Mensal: Reserve aqui alguns dias de descanso, utilizando nossa legenda para facilitar sua visualização:

● trabalho ■ pessoal ★ estudos ▲ cursos ◎ viagem

Informativos STJ: *Checklist* para você não se esquecer de ler e revisar os informativos do STJ, que são divulgados duas vezes ao mês.

Controle de Hábitos: Anote os hábitos que você quer manter e os que gostaria de adquirir e marque os dias que conseguiu mantê-los!

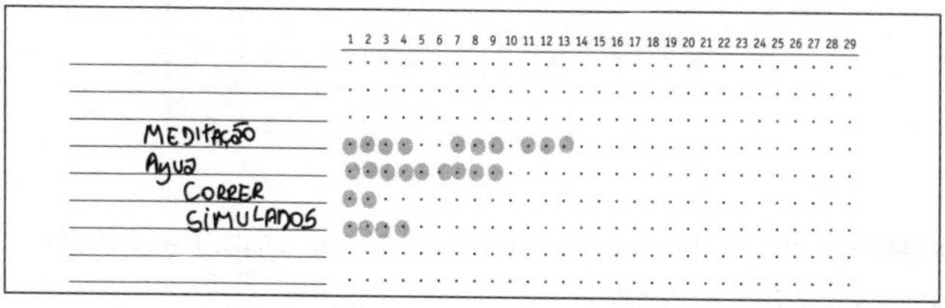

Finanças Mensais: Sabemos que a vida de concurseiro é sempre apertada em termos financeiros! Controle aqui seus ganhos e gastos para ficar sempre no azul.

Metas do Mês: Liste aqui as metas que pretende realizar no mês! Se possível, mentalize metas menores que, juntas, cumprirão uma meta anual.

Fluxo de Estudos: Controle as horas de estudo diárias e tenha uma visão macro de seu aproveitamento. Caso essa meta não seja atingida em algum dia, procure identificar o que houve e trace um plano para evitar que isso aconteça novamente.

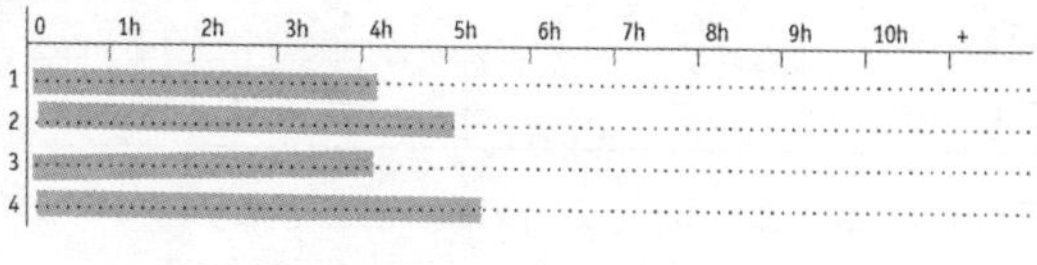

FERRAMENTAS SEMANAIS

Planner Semanal: Marque seu objetivo principal para cada dia da semana, além de eventos e tarefas importantes para o seu planejamento semanal.

***Sleep Tracker* e *Mood Tracker*:** Estar descansado é fundamental para um bom rendimento nos estudos. Registre aqui suas horas de sono diárias e também como está se sentindo em cada dia. Ao fim da semana, veja se precisa dormir mais ou ajustar algo que tenha atrapalhado o seu humor.

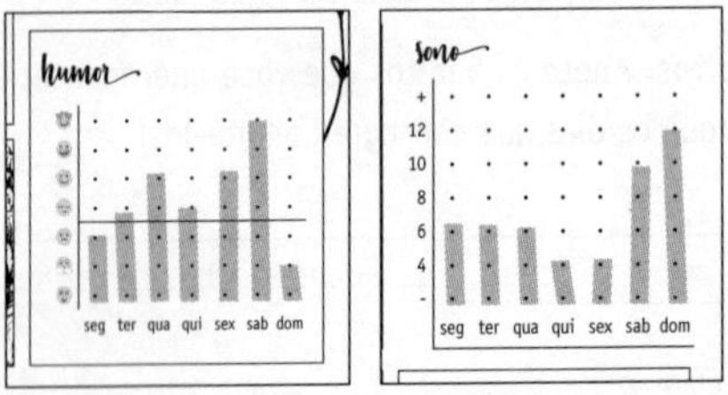

Informativos do STF: Os informativos do STF são semanais. Use o *checklist* para controlar o estudo e a revisão deles!

Acompanhamento de Simulados: Responder questões é uma excelente forma de estudo e de revisar o que aprendeu sobre doutrina, legislação ou jurisprudência. Faça simulados semanais e use esse espaço para organizar seu rendimento!

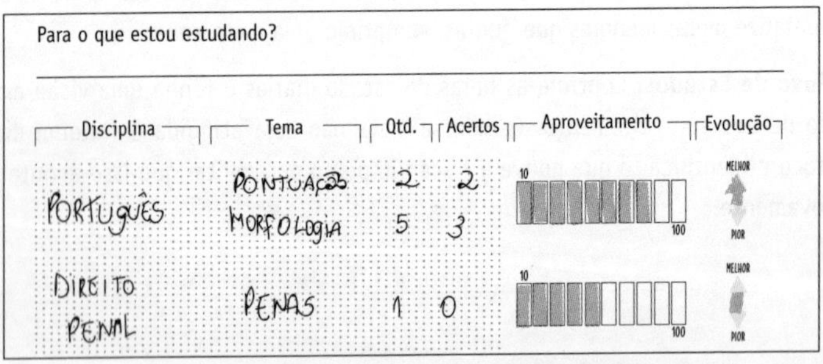

FERRAMENTAS DIÁRIAS

Objetivo do Dia: O que é mais importante para você hoje?

Tempo de Estudos: Anote quanto de seu tempo será dedicado aos estudos e, ao fim do dia, indique o que de fato conseguiu realizar!

Tem que ser feito! Tarefas especiais que não podem passar despercebidas!

Afirme-se: Uma frase de empoderamento para começar o dia com positividade.

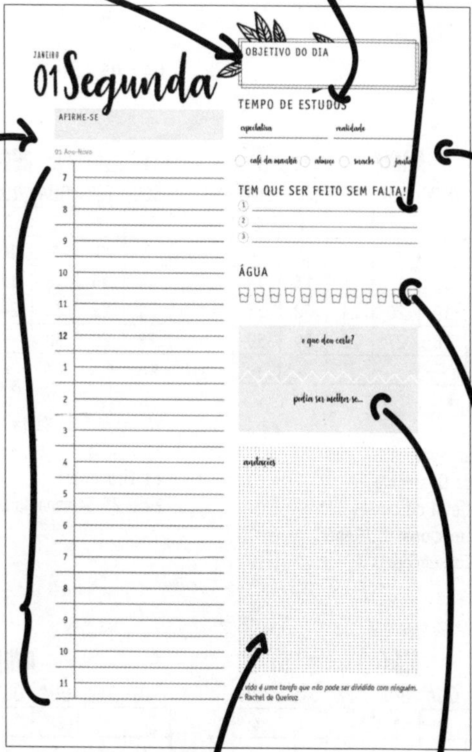

Refeições: Uma boa alimentação o ajudará a render mais nos estudos. Use nosso *checklist* para auxiliá-lo a controlar suas refeições diárias.

Planner Diário: Planeje sua rotina diária hora a hora!

Água: Estar bem hidratado é importante para o seu rendimento!

O que deu certo/Poderia ser melhor se: No fim do dia, use esse espaço para um pequeno balanço de como foi o seu dia.

Anotações: Espaço livre para você escrever o que quiser!

Calendário

JANEIRO

SEG	TER	QUA	QUI	SEX	SÁB	DOM
30	31	**1**	2	3	4	5
6	7	8	9	10	11	12
13	14	15	16	17	18	19
20	21	22	23	24	25	26
27	28	29	30	31	1	2

◐06 CRES ●13 CHEIA ◗21 MING ○29 NOVA

01 Ano-Novo

FEVEREIRO

SEG	TER	QUA	QUI	SEX	SÁB	DOM
27	28	29	30	31	1	2
3	**4**	**5**	6	7	8	9
10	11	12	13	14	15	16
17	18	19	20	21	22	23
24	25	26	27	28	1	2

◐05 CRES ●12 CHEIA ◗20 MING ○27 NOVA

04 e **05** JusDays

MARÇO

SEG	TER	QUA	QUI	SEX	SÁB	DOM
24	25	26	27	28	1	2
3	**4**	**5**	6	7	**8**	9
10	11	12	13	14	**15**	16
17	18	19	20	21	22	23
24	25	26	27	28	29	30
31	1	2	3	4	5	6

◐06 CRES ●14 CHEIA ◗22 MING ○29 NOVA

03 e **04** Carnaval
05 Início da Quaresma
05 Quarta-feira de cinzas
08 Dia Internacional da Mulher
15 Dia do Consumidor

ABRIL

SEG	TER	QUA	QUI	SEX	SÁB	DOM
31	1	2	3	4	5	6
7	8	9	10	11	12	13
14	15	16	17	**18**	19	**20**
21	**22**	**23**	**24**	**25**	26	27
28	29	30	1	2	3	4

◐04 CRES ●12 CHEIA ◗20 MING ○27 NOVA

18 Sexta-feira Santa
20 Páscoa
21 Tiradentes
22 a **25** Semana do Livro

MAIO

SEG	TER	QUA	QUI	SEX	SÁB	DOM
28	29	30	**1**	2	3	4
5	6	7	8	9	10	**11**
12	13	14	15	16	17	18
19	20	21	22	23	24	25
26	27	28	29	30	31	1

◐04 CRES ●12 CHEIA ◗20 MING ○27 NOVA

01 Dia do Trabalho
11 Dia das Mães

JUNHO

SEG	TER	QUA	QUI	SEX	SÁB	DOM
26	27	28	29	30	31	1
2	**3**	**4**	**5**	**6**	7	8
9	10	11	**12**	13	14	15
16	17	18	**19**	20	21	22
23	**24**	25	26	27	28	29
30	1	2	3	4	5	6

◐03 CRES ●11 CHEIA ◗18 MING ○25 NOVA

02 a **06** Aniversário Juspodivm
12 Dia dos Namorados
19 Corpus Christi
24 Dia de São João

dois mil e vinte e cinco

JULHO

SEG	TER	QUA	QUI	SEX	SÁB	DOM
30	1	2	3	4	5	6
7	8	9	10	11	12	13
14	15	16	17	18	19	20
21	22	23	24	25	26	27
28	29	30	31	1	2	3

◖02 CRES ●10 CHEIA ◗17 MING ○24 NOVA

AGOSTO

SEG	TER	QUA	QUI	SEX	SÁB	DOM
28	29	30	31	1	2	3
4	**5**	**6**	**7**	**8**	9	**10**
11	12	13	14	15	16	17
18	19	20	21	22	23	24
25	26	27	28	29	30	31

◖01 CRES ●09 CHEIA ◗16 MING ○23 NOVA ◖31 CRES

04 a **08** JusDays
10 Dia dos Pais

SETEMBRO

SEG	TER	QUA	QUI	SEX	SÁB	DOM
1	2	3	4	5	6	**7**
8	9	10	11	12	13	14
15	16	17	18	19	20	21
22	**23**	**24**	**25**	**26**	27	28
29	30	1	2	3	4	5

●07 CHEIA ◗14 MING ○21 NOVA ◖29 CRES

07 Dia da Independência do Brasil
22 a **26** JusLover

OUTUBRO

SEG	TER	QUA	QUI	SEX	SÁB	DOM
29	30	1	2	3	4	5
6	7	8	9	10	11	**12**
13	14	15	16	17	18	19
20	21	22	23	24	25	26
27	28	29	30	31	1	2

●07 CHEIA ◗13 MING ○21 NOVA ◖29 CRES

12 Dia das Crianças
12 Nossa Senhora Aparecida

NOVEMBRO

SEG	TER	QUA	QUI	SEX	SÁB	DOM
27	28	29	30	31	1	**2**
3	**4**	**5**	**6**	**7**	8	9
10	11	12	13	14	**15**	16
17	18	19	**20**	21	22	23
24	25	26	27	28	29	30

●05 CHEIA ◗12 MING ○20 NOVA ◖28 CRES

02 Finados
03 a **07** Black Friday Juspodivm
15 Proclamação da República
20 Dia Nacional da Consciência Negra

DEZEMBRO

SEG	TER	QUA	QUI	SEX	SÁB	DOM
1	2	3	4	5	6	7
8	9	10	11	12	13	14
15	16	17	18	19	20	21
22	23	24	**25**	26	27	28
29	30	31	1	2	3	4

●04 CHEIA ◗11 MING ○19 NOVA ◖27 CRES

25 Natal

Controle Financeiro Anual

CONTA/PRESTAÇÃO	VALOR	J	F	M	A	M	J	J	A	S	O	N	D

Minhas metas para 2025

- [ ]
- [ ]
- [ ]
- [ ]
- [ ]
- [ ]
- [ ]
- [ ]
- [ ]
- [ ]

anotações

Janeiro

SEG	TER	QUA	QUI	SEX	SÁB	DOM
30	31	**1**	2	3	4	5
6	7	8	9	10	11	12
13	14	15	16	17	18	19
20	21	22	23	24	25	26
27	28	29	30	31	1	2

◐06 CRES ●13 CHEIA ◑21 MING ○29 NOVA

01 Ano-Novo

jan

SEG	TER	QUA	QUI	SEX	SÁB	DOM
		1	2	3	4	5
6	7	8	9	10	11	12
13	14	15	16	17	18	19
20	21	22	23	24	25	26
27	28	29	30	31		

● trabalho ▲ cursos
■ pessoal ◎ viagem
★ estudos

INFORMATIVOS STJ

___ / ___ / ____
☐ visto ☐ revisado
Obs: ______________________________

___ / ___ / ____
☐ visto ☐ revisado
Obs: ______________________________

ANIVERSÁRIOS

EDITAIS ABERTOS

① ______________________________

② ______________________________

③ ______________________________

Controle de hábitos

	1	2	3	4	5	6	7	8	9	10	11	12	13	14	15	16	17	18	19	20	21	22	23	24	25	26	27	28	29	30	31

Finanças

GANHOS

total

GASTOS

total

total

TAREFAS

ANIVERSÁRIOS

EXTRAS

total

TOTAL DE GASTOS

POUPANÇA (GANHOS - GASTOS)

Metas do mês

Fluxo de estudos

	0	1h	2h	3h	4h	5h	6h	7h	8h	9h	10h	+
1												
2												
3												
4												
5												
6												
7												
8												
9												
10												
11												
12												
13												
14												
15												
16												
17												
18												
19												
20												
21												
22												
23												
24												
25												
26												
27												
28												
29												
30												
31												

jan

SEG	TER	QUA	QUI	SEX	SÁB	DOM
30	31	**1**	2	3	4	5
6	7	8	9	10	11	12
13	14	15	16	17	18	19
20	21	22	23	24	25	26
27	28	29	30	31	1	2

◐06 CRES ●13 CHEIA ◑21 MING ○29 NOVA

01 Ano-Novo

SEG 30

TER 31

tchau, 2024

QUA 01

QUI 02

SEX 03

TAREFAS

INFORMATIVO STF

☐ visto ☐ revisado

Obs: ____________________

____

humor

	seg	ter	qua	qui	sex	sab	dom
	·	·	·	·	·	·	·
	·	·	·	·	·	·	·
	·	·	·	·	·	·	·
	·	·	·	·	·	·	·
	·	·	·	·	·	·	·
	·	·	·	·	·	·	·
	·	·	·	·	·	·	·

EVENTOS

SAB 04

DOM 05

sono

	seg	ter	qua	qui	sex	sab	dom
+	·	·	·	·	·	·	·
12	·	·	·	·	·	·	·
10	·	·	·	·	·	·	·
8	·	·	·	·	·	·	·
6	·	·	·	·	·	·	·
4	·	·	·	·	·	·	·
-	·	·	·	·	·	·	·

Acompanhamento de Simulados

Para o que estou estudando?

Disciplina	Tema	Qtd.	Acertos	Aproveitamento	Evolução
				10 … 100	MELHOR / PIOR
				10 … 100	MELHOR / PIOR
				10 … 100	MELHOR / PIOR
				10 … 100	MELHOR / PIOR
				10 … 100	MELHOR / PIOR
				10 … 100	MELHOR / PIOR
				10 … 100	MELHOR / PIOR
				10 … 100	MELHOR / PIOR
				10 … 100	MELHOR / PIOR
				10 … 100	MELHOR / PIOR

DEZEMBRO

30 Segunda

OBJETIVO DO DIA

AFIRME-SE

7

8

9

10

11

12

1

2

3

4

5

6

7

8

9

10

11

TEMPO DE ESTUDOS

expectativa *realidade*

◯ *café da manhã* ◯ *almoço* ◯ *snacks* ◯ *jantar*

TEM QUE SER FEITO SEM FALTA!!

1.
2.
3.

ÁGUA

o que deu certo?

podia ser melhor se...

anotações

A vida é uma tarefa que não pode ser dividida com ninguém.
– Rachel de Queiroz

DEZEMBRO

31 Terça

OBJETIVO DO DIA

AFIRME-SE

7

8

9

10

11

12

1

2

3

4

5

6

7

8

9

10

11

TEMPO DE ESTUDOS

expectativa ______ realidade ______

◯ café da manhã ◯ almoço ◯ snacks ◯ jantar

TEM QUE SER FEITO SEM FALTA!!

1. ______
2. ______
3. ______

ÁGUA

o que deu certo?

podia ser melhor se...

anotações

A vida não tem obrigação de nos dar o que esperamos.
– Margaret Mitchell

JANEIRO

01 Quarta

AFIRME-SE

Ano-Novo

7

8

9

10

11

12

1

2

3

4

5

6

7

8

9

10

11

OBJETIVO DO DIA

TEMPO DE ESTUDOS

expectativa realidade

café da manhã almoço snacks jantar

TEM QUE SER FEITO SEM FALTA!!

1

2

3

ÁGUA

o que deu certo?

podia ser melhor se...

anotações

Vi Veri Veniversum Vivus Vici (Pelo poder da verdade, eu, enquanto vivo, conquistei o universo). – Christopher Marlowe por **@jurisconsultt**

JANEIRO

02 Quinta

OBJETIVO DO DIA

AFIRME-SE

7

8

9

10

11

12

1

2

3

4

5

6

7

8

9

10

11

TEMPO DE ESTUDOS

expectativa

realidade

café da manhã

almoço

snacks

jantar

TEM QUE SER FEITO SEM FALTA!!

1

2

3

ÁGUA

o que deu certo?

podia ser melhor se...

anotações

A maioria dos concurseiros não percebe que o primeiro desafio para os concursos não está nos estudos, e sim na mente. Estudá-la e entendê-la é tão importante quanto aprender as matérias da prova.

por **@euvoupassei**

JANEIRO

03 Sexta

AFIRME-SE

7

8

9

10

11

12

1

2

3

4

5

6

7

8

9

10

11

OBJETIVO DO DIA

TEMPO DE ESTUDOS

expectativa *realidade*

○ *café da manhã* ○ *almoço* ○ *snacks* ○ *jantar*

TEM QUE SER FEITO SEM FALTA!!

1

2

3

ÁGUA

o que deu certo?

podia ser melhor se...

anotações

A dor é temporária, o cargo é para sempre. – Autor Anônimo
por **@concurseiroiniciantee**

JANEIRO

04 Sábado

OBJETIVO DO DIA

AFIRME-SE

7	
8	
9	
10	
11	
12	
1	
2	
3	
4	
5	
6	
7	
8	
9	
10	
11	

TEMPO DE ESTUDOS

expectativa realidade

café da manhã · almoço · snacks · jantar

TEM QUE SER FEITO SEM FALTA!!

1.
2.
3.

ÁGUA

o que deu certo?

podia ser melhor se...

anotações

Não tenha pressa, mas dê o seu melhor TODOS OS DIAS!
por **@_focanoconcurso**

JANEIRO

05 Domingo

AFIRME-SE

7

8

9

10

11

12

1

2

3

4

5

6

7

8

9

10

11

OBJETIVO DO DIA

TEMPO DE ESTUDOS

expectativa realidade

café da manhã almoço snacks jantar

TEM QUE SER FEITO SEM FALTA!!

1
2
3

ÁGUA

o que deu certo?

podia ser melhor se...

anotações

São nossas escolhas que revelam quem realmente somos, muito mais do que as nossas qualidades. – J. K. Rowling
por **@focojoy**

jan

SEG	TER	QUA	QUI	SEX	SÁB	DOM
30	31	**1**	2	3	4	5
6	7	8	9	10	11	12
13	14	15	16	17	18	19
20	21	22	23	24	25	26
27	28	29	30	31	1	2

◐06 CRES ●13 CHEIA ◗21 MING ○29 NOVA

01 Ano-Novo

TAREFAS

INFORMATIVO STF

☐ visto ☐ revisado

Obs: ____________________

____

SAB 11

DOM 12

SEG 06

QUI 09

SEX 10

sono

+
12
10
8
6
4
-

seg ter qua qui sex sab dom

TER 07

QUA 08

humor

seg ter qua qui sex sab dom

EVENTOS

Acompanhamento de Simulados

Para o que estou estudando?

Disciplina	Tema	Qtd.	Acertos	Aproveitamento	Evolução
				10 100	MELHOR PIOR
				10 100	MELHOR PIOR
				10 100	MELHOR PIOR
				10 100	MELHOR PIOR
				10 100	MELHOR PIOR
				10 100	MELHOR PIOR
				10 100	MELHOR PIOR
				10 100	MELHOR PIOR
				10 100	MELHOR PIOR
				10 100	MELHOR PIOR

JANEIRO

06 Segunda

OBJETIVO DO DIA

AFIRME-SE

TEMPO DE ESTUDOS

expectativa realidade

○ café da manhã ○ almoço ○ snacks ○ jantar

TEM QUE SER FEITO SEM FALTA!!

1.
2.
3.

ÁGUA

7

8

9

10

11

12

1

2

3

4

5

6

7

8

9

10

11

o que deu certo?

podia ser melhor se...

anotações

Ao estudar, veja a Magistratura, e não apenas os livros. Não se trata de negar a realidade, mas de dar a ela a devida proporção diante de um projeto muito maior. – Samer Agi por **@concurseiralavoueu**

JANEIRO

07 Terça

AFIRME-SE

7

8

9

10

11

12

1

2

3

4

5

6

7

8

9

10

11

OBJETIVO DO DIA

TEMPO DE ESTUDOS

expectativa realidade

café da manhã almoço snacks jantar

TEM QUE SER FEITO SEM FALTA!!

1

2

3

ÁGUA

o que deu certo?

podia ser melhor se...

anotações

Sua melhor versão usa uma toga. por **@vouser.juiza**

JANEIRO

08 Quarta

OBJETIVO DO DIA

AFIRME-SE

TEMPO DE ESTUDOS

expectativa

realidade

café da manhã
almoço
snacks
jantar

7
8
9
10
11
12
1
2
3
4
5
6
7
8
9
10
11

TEM QUE SER FEITO SEM FALTA!!

1
2
3

ÁGUA

o que deu certo?

podia ser melhor se...

anotações

Nós somos aquilo que repetidamente fazemos. – Aristóteles
por **@corujinha_juridica**

JANEIRO

09 Quinta

AFIRME-SE

7

8

9

10

11

12

1

2

3

4

5

6

7

8

9

10

11

OBJETIVO DO DIA

TEMPO DE ESTUDOS

expectativa

realidade

○ café da manhã ○ almoço ○ snacks ○ jantar

TEM QUE SER FEITO SEM FALTA!!

1.
2.
3.

ÁGUA

o que deu certo?

podia ser melhor se...

anotações

Ter sucesso é falhar repetidamente, mas sem perder o entusiasmo. – Winston Churchill
por **@coisasdeconcurseira**

JANEIRO

10 Sexta

OBJETIVO DO DIA

AFIRME-SE

7

8

9

10

11

12

1

2

3

4

5

6

7

8

9

10

11

TEMPO DE ESTUDOS

expectativa

realidade

café da manhã

almoço

snacks

jantar

TEM QUE SER FEITO SEM FALTA!!

1.
2.
3.

ÁGUA

o que deu certo?

podia ser melhor se...

anotações

Confie no seu método. por **@juizadotrabalho**

JANEIRO

11 Sábado

OBJETIVO DO DIA

AFIRME-SE

TEMPO DE ESTUDOS

expectativa realidade

café da manhã almoço snacks jantar

7
8
9
10
11
12
1
2
3
4
5
6
7
8
9
10
11

TEM QUE SER FEITO SEM FALTA!!

1
2
3

ÁGUA

o que deu certo?

podia ser melhor se...

anotações

O período de maior ganho em conhecimento e experiência é o período mais difícil da vida de alguém. – Dalai Lama
por **@isadoramradv**

JANEIRO

12 Domingo

AFIRME-SE

7	
8	
9	
10	
11	
12	
1	
2	
3	
4	
5	
6	
7	
8	
9	
10	
11	

OBJETIVO DO DIA

TEMPO DE ESTUDOS

expectativa ________ realidade ________

○ café da manhã ○ almoço ○ snacks ○ jantar

TEM QUE SER FEITO SEM FALTA!!

1. ________
2. ________
3. ________

ÁGUA

o que deu certo?

podia ser melhor se...

anotações

A persistência é o caminho do êxito. – Charles Chaplin
por **@focodeconcurseira**

jan

SEG	TER	QUA	QUI	SEX	SÁB	DOM
30	31	**1**	2	3	4	5
6	7	8	9	10	11	12
13	14	15	16	17	18	19
20	21	22	23	24	25	26
27	28	29	30	31	1	2

◐06 CRES ●13 CHEIA ◑21 MING ○29 NOVA

01 Ano-Novo

SEG 13

TER 14

QUA 15

QUI 16

SEX 17

humor

seg ter qua qui sex sab dom

TAREFAS

INFORMATIVO STF

☐ visto ☐ revisado

Obs: ____________________

EVENTOS

SAB 18

DOM 19

sono

+
12
10
8
6
4
-

seg ter qua qui sex sab dom

Acompanhamento de Simulados

Para o que estou estudando?

Disciplina	Tema	Qtd.	Acertos	Aproveitamento	Evolução
				10 … 100	MELHOR / PIOR
				10 … 100	MELHOR / PIOR
				10 … 100	MELHOR / PIOR
				10 … 100	MELHOR / PIOR
				10 … 100	MELHOR / PIOR
				10 … 100	MELHOR / PIOR
				10 … 100	MELHOR / PIOR
				10 … 100	MELHOR / PIOR
				10 … 100	MELHOR / PIOR
				10 … 100	MELHOR / PIOR

JANEIRO
13 Segunda

AFIRME-SE

7

8

9

10

11

12

1

2

3

4

5

6

7

8

9

10

11

OBJETIVO DO DIA

TEMPO DE ESTUDOS

expectativa *realidade*

◯ *café da manhã* ◯ *almoço* ◯ *snacks* ◯ *jantar*

TEM QUE SER FEITO SEM FALTA!!

1

2

3

ÁGUA

o que deu certo?

podia ser melhor se...

anotações

Não sabendo que era impossível, foi lá e fez. – Jean Cocteau
por **@queropossoconsigo**

JANEIRO

14 Terça

OBJETIVO DO DIA

AFIRME-SE

TEMPO DE ESTUDOS

expectativa realidade

café da manhã almoço snacks jantar

7

8

9

10

11

12

1

2

3

4

5

6

7

8

9

10

11

TEM QUE SER FEITO SEM FALTA!!

1

2

3

ÁGUA

o que deu certo?

podia ser melhor se...

anotações

Sucesso é acordar de manhã - não importa quem você seja, onde você esteja. – Whit Hobbs

por **@criminais**

JANEIRO

15 Quarta

AFIRME-SE

7

8

9

10

11

12

1

2

3

4

5

6

7

8

9

10

11

OBJETIVO DO DIA

TEMPO DE ESTUDOS

expectativa realidade

café da manhã almoço snacks jantar

TEM QUE SER FEITO SEM FALTA!!

1
2
3

ÁGUA

o que deu certo?

podia ser melhor se...

anotações

Até que dediquemos tempo diariamente para nos desenvolvermos nas pessoas que precisamos ser para criar a vida que desejamos, obter sucesso sempre será uma luta. – Hal Elrod

por **@concursandanostribunais**

JANEIRO

16 Quinta

OBJETIVO DO DIA

AFIRME-SE

7

8

9

10

11

12

1

2

3

4

5

6

7

8

9

10

11

TEMPO DE ESTUDOS

expectativa

realidade

café da manhã almoço snacks jantar

TEM QUE SER FEITO SEM FALTA!!

1

2

3

ÁGUA

o que deu certo?

podia ser melhor se...

anotações

Não deixes nunca de sonhar, porque só nos sonhos pode ser livre o homem. – Walt Whitman

por **@_study_mi**

JANEIRO

17 Sexta

AFIRME-SE

7

8

9

10

11

12

1

2

3

4

5

6

7

8

9

10

11

OBJETIVO DO DIA

TEMPO DE ESTUDOS

expectativa

realidade

○ café da manhã ○ almoço ○ snacks ○ jantar

TEM QUE SER FEITO SEM FALTA!!

1

2

3

ÁGUA

o que deu certo?

podia ser melhor se...

anotações

Na dúvida, acredite que é possível. – Pedro Henrique (Um Cartão)
por **@magistradaemformacao**

JANEIRO
18 Sábado

OBJETIVO DO DIA

AFIRME-SE

TEMPO DE ESTUDOS

expectativa

realidade

café da manhã
almoço
snacks
jantar

7
8
9
10
11
12
1
2
3
4
5
6
7
8
9
10
11

TEM QUE SER FEITO SEM FALTA!!

1
2
3

ÁGUA

o que deu certo?

podia ser melhor se...

anotações

Se você traçar metas absurdamente altas e falhar, seu fracasso será muito melhor que o sucesso de todos. –
James Cameron

JANEIRO

19 Domingo

AFIRME-SE

7

8

9

10

11

12

1

2

3

4

5

6

7

8

9

10

11

OBJETIVO DO DIA

TEMPO DE ESTUDOS

expectativa

realidade

○ café da manhã ○ almoço ○ snacks ○ jantar

TEM QUE SER FEITO SEM FALTA!!

1.
2.
3.

ÁGUA

o que deu certo?

podia ser melhor se...

anotações

O sucesso normalmente vem para quem está ocupado demais para procurar por ele. – Henry David Thoreau

jan

SEG	TER	QUA	QUI	SEX	SÁB	DOM
30	31	**1**	2	3	4	5
6	7	8	9	10	11	12
13	14	15	16	17	18	19
20	21	22	23	24	25	26
27	28	29	30	31	1	2

◐06 CRES ●13 CHEIA ◑21 MING ○29 NOVA

01 Ano-Novo

TAREFAS

INFORMATIVO STF

☐ visto ☐ revisado

Obs: ______________________

____

SAB 25

DOM 26

SEG 20

QUI 23

SEX 24

sono

+
12
10
8
6
4
-

seg ter qua qui sex sab dom

TER 21

QUA 22

humor

seg ter qua qui sex sab dom

EVENTOS

Acompanhamento de Simulados

Para o que estou estudando?

Disciplina	Tema	Qtd.	Acertos	Aproveitamento	Evolução
				10 … 100	MELHOR / PIOR
				10 … 100	MELHOR / PIOR
				10 … 100	MELHOR / PIOR
				10 … 100	MELHOR / PIOR
				10 … 100	MELHOR / PIOR
				10 … 100	MELHOR / PIOR
				10 … 100	MELHOR / PIOR
				10 … 100	MELHOR / PIOR
				10 … 100	MELHOR / PIOR
				10 … 100	MELHOR / PIOR

JANEIRO

20 Segunda

OBJETIVO DO DIA

AFIRME-SE

TEMPO DE ESTUDOS

expectativa

realidade

café da manhã

almoço

snacks

jantar

7

8

9

10

11

12

1

2

3

4

5

6

7

8

9

10

11

TEM QUE SER FEITO SEM FALTA!!

1

2

3

ÁGUA

o que deu certo?

podia ser melhor se...

anotações

A menor distância entre dois pontos pode ser a linha reta, mas é nos caminhos curvos que se encontram as melhores coisas. – Lygia Fagundes Telles

JANEIRO
21 Terça

AFIRME-SE

7

8

9

10

11

12

1

2

3

4

5

6

7

8

9

10

11

OBJETIVO DO DIA

TEMPO DE ESTUDOS

expectativa *realidade*

○ *café da manhã* ○ *almoço* ○ *snacks* ○ *jantar*

TEM QUE SER FEITO SEM FALTA!!

1

2

3

ÁGUA

o que deu certo?

podia ser melhor se...

anotações

Os empreendedores falham, em média, 3,8 vezes antes do sucesso final. O que separa os bem-sucedidos dos outros é a persistência. – Lisa M. Amos

JANEIRO

22 Quarta

OBJETIVO DO DIA

AFIRME-SE

7

8

9

10

11

12

1

2

3

4

5

6

7

8

9

10

11

TEMPO DE ESTUDOS

expectativa realidade

café da manhã almoço snacks jantar

TEM QUE SER FEITO SEM FALTA!!

1

2

3

ÁGUA

o que deu certo?

podia ser melhor se...

anotações

Nunca se deve complicar o que pode ser feito de maneira simples. – Zilda Arns

JANEIRO

23 Quinta

OBJETIVO DO DIA

TEMPO DE ESTUDOS

expectativa

realidade

café da manhã | almoço | snacks | jantar

AFIRME-SE

7

8

9

10

11

12

1

2

3

4

5

6

7

8

9

10

11

TEM QUE SER FEITO SEM FALTA!!

1

2

3

ÁGUA

o que deu certo?

podia ser melhor se...

anotações

Para de perseguir o dinheiro e comece a perseguir o sucesso. – Tony Hsieh

JANEIRO

24 Sexta

AFIRME-SE

7

8

9

10

11

12

1

2

3

4

5

6

7

8

9

10

11

OBJETIVO DO DIA

TEMPO DE ESTUDOS

expectativa

realidade

café da manhã ○ almoço ○ snacks ○ jantar

TEM QUE SER FEITO SEM FALTA!!

1

2

3

ÁGUA

o que deu certo?

podia ser melhor se...

anotações

Todos os seus sonhos podem se tornar realidade se você tem coragem para persegui-los. – Walt Disney

JANEIRO

25 Sábado

AFIRME-SE

7

8

9

10

11

12

1

2

3

4

5

6

7

8

9

10

11

OBJETIVO DO DIA

TEMPO DE ESTUDOS

expectativa realidade

café da manhã almoço snacks jantar

TEM QUE SER FEITO SEM FALTA!!

1

2

3

ÁGUA

o que deu certo?

podia ser melhor se...

anotações

O problema é que a maioria das pessoas prefere um elogio que prejudique do que uma crítica que beneficie. – Norman Vincent Peale

JANEIRO

26 Domingo

OBJETIVO DO DIA

AFIRME-SE

TEMPO DE ESTUDOS

expectativa realidade

café da manhã almoço snacks jantar

7
8
9
10
11
12
1
2
3
4
5
6
7
8
9
10
11

TEM QUE SER FEITO SEM FALTA!!

1
2
3

ÁGUA

o que deu certo?

podia ser melhor se...

anotações

Sucesso? Eu não sei o que isso significa. Eu sou feliz. A definição de sucesso varia de pessoa para pessoa. Para mim, sucesso é paz anterior. – Denzel Washington

jan

SEG	TER	QUA	QUI	SEX	SÁB	DOM
30	31	**1**	2	3	4	5
6	7	8	9	10	11	12
13	14	15	16	17	18	19
20	21	22	23	24	25	26
27	28	29	30	31	1	2

◐06 CRES ●13 CHEIA ◑21 MING ○29 NOVA

01 Ano-Novo

TAREFAS

INFORMATIVO STF

☐ visto ☐ revisado

Obs: ______________________

____

SAB 01

DOM 02

SEG 27

TER 28

QUA 29

QUI 30

SEX 31

humor

seg ter qua qui sex sab dom

sono

+
12
10
8
6
4
-

seg ter qua qui sex sab dom

EVENTOS

Acompanhamento de Simulados

Para o que estou estudando?

____

Disciplina	Tema	Qtd.	Acertos	Aproveitamento	Evolução
				10 … 100	MELHOR / PIOR
				10 … 100	MELHOR / PIOR
				10 … 100	MELHOR / PIOR
				10 … 100	MELHOR / PIOR
				10 … 100	MELHOR / PIOR
				10 … 100	MELHOR / PIOR
				10 … 100	MELHOR / PIOR
				10 … 100	MELHOR / PIOR
				10 … 100	MELHOR / PIOR
				10 … 100	MELHOR / PIOR

JANEIRO

27 Segunda

OBJETIVO DO DIA

AFIRME-SE

TEMPO DE ESTUDOS

expectativa realidade

café da manhã almoço snacks jantar

7
8
9
10
11
12
1
2
3
4
5
6
7
8
9
10
11

TEM QUE SER FEITO SEM FALTA!!

1
2
3

ÁGUA

o que deu certo?

podia ser melhor se...

anotações

Oportunidades não surgem. É você que as cria. – Chris Grosser

JANEIRO

28 Terça

OBJETIVO DO DIA

AFIRME-SE

7

8

9

10

11

12

1

2

3

4

5

6

7

8

9

10

11

TEMPO DE ESTUDOS

expectativa

realidade

café da manhã | almoço | snacks | jantar

TEM QUE SER FEITO SEM FALTA!!

1.
2.
3.

ÁGUA

o que deu certo?

podia ser melhor se...

anotações

Não tente ser uma pessoa de sucesso. Em vez disso, seja uma pessoa de valor. – Albert Einstein

JANEIRO

29 Quarta

AFIRME-SE

7

8

9

10

11

12

1

2

3

4

5

6

7

8

9

10

11

OBJETIVO DO DIA

TEMPO DE ESTUDOS

expectativa *realidade*

○ *café da manhã* ○ *almoço* ○ *snacks* ○ *jantar*

TEM QUE SER FEITO SEM FALTA!!

1.
2.
3.

ÁGUA

o que deu certo?

podia ser melhor se...

anotações

A melhor vingança é um sucesso estrondoso. – Frank Sinatra

JANEIRO

30 Quinta

OBJETIVO DO DIA

AFIRME-SE

7

8

9

10

11

12

1

2

3

4

5

6

7

8

9

10

11

TEMPO DE ESTUDOS

expectativa

realidade

café da manhã · almoço · snacks · jantar

TEM QUE SER FEITO SEM FALTA!!

1

2

3

ÁGUA

o que deu certo?

podia ser melhor se...

anotações

Eu não falhei. Só descobri 10 mil caminhos que não eram o certo. – Thomas Edison

JANEIRO

31 Sexta

AFIRME-SE

7

8

9

10

11

12

1

2

3

4

5

6

7

8

9

10

11

OBJETIVO DO DIA

TEMPO DE ESTUDOS

expectativa realidade

café da manhã almoço snacks jantar

TEM QUE SER FEITO SEM FALTA!!

1

2

3

ÁGUA

o que deu certo?

podia ser melhor se...

anotações

Um homem de sucesso é aquele que cria uma parede com os tijolos que jogaram nele. – David Brinkley

FEVEREIRO

01 Sábado

OBJETIVO DO DIA

AFIRME-SE

7

8

9

10

11

12

1

2

3

4

5

6

7

8

9

10

11

TEMPO DE ESTUDOS

expectativa realidade

café da manhã almoço snacks jantar

TEM QUE SER FEITO SEM FALTA!!

1

2

3

ÁGUA

o que deu certo?

podia ser melhor se...

anotações

Ninguém pode fazer você se sentir inferior sem o seu consentimento. – Eleanor Roosevelt

FEVEREIRO

02 Domingo

AFIRME-SE

7

8

9

10

11

12

1

2

3

4

5

6

7

8

9

10

11

OBJETIVO DO DIA

TEMPO DE ESTUDOS

expectativa

realidade

café da manhã ◯ almoço ◯ snacks ◯ jantar ◯

TEM QUE SER FEITO SEM FALTA!!

1

2

3

ÁGUA

o que deu certo?

podia ser melhor se...

anotações

O grande segredo de uma boa vida é encontrar qual é o seu destino. E realizá-lo. – Henry Ford

Fevereiro

SEG	TER	QUA	QUI	SEX	SÁB	DOM
27	28	29	30	31	1	2
3	**4**	**5**	6	7	8	9
10	11	12	13	14	15	16
17	18	19	20	21	22	23
24	25	26	27	28	1	2

◐05 CRES ●12 CHEIA ◗20 MING ○27 NOVA

04 e **05** JusDays

fev

SEG	TER	QUA	QUI	SEX	SÁB	DOM
					1	2
3	4	5	6	7	8	9
10	11	12	13	14	15	16
17	18	19	20	21	22	23
24	25	26	27	28		

● trabalho ▲ cursos
■ pessoal ◎ viagem
★ estudos

INFORMATIVOS STJ

___ / ___ / ____
☐ visto ☐ revisado
Obs: ______________________

___ / ___ / ____
☐ visto ☐ revisado
Obs: ______________________

ANIVERSÁRIOS

EDITAIS ABERTOS

① ______________________

② ______________________

③ ______________________

Controle de hábitos

	1	2	3	4	5	6	7	8	9	10	11	12	13	14	15	16	17	18	19	20	21	22	23	24	25	26	27	28

Finanças

GANHOS

total

GASTOS

total

total

TAREFAS

EXTRAS

total

TOTAL DE GASTOS

POUPANÇA (GANHOS - GASTOS)

Metas do mês

Fluxo de estudos

	0	1h	2h	3h	4h	5h	6h	7h	8h	9h	10h	+
1												
2												
3												
4												
5												
6												
7												
8												
9												
10												
11												
12												
13												
14												
15												
16												
17												
18												
19												
20												
21												
22												
23												
24												
25												
26												
27												
28												

SEG	TER	QUA	QUI	SEX	SÁB	DOM
27	28	29	30	31	1	2
3	4	5	6	7	8	9
10	11	12	13	14	15	16
17	18	19	20	21	22	23
24	25	26	27	28	1	2

◐05 CRES ●12 CHEIA ◑20 MING ○27 NOVA

04 e **05** JusDays

TAREFAS

INFORMATIVO STF

☐ visto ☐ revisado

Obs: ____________________

____

SAB 08

DOM 09

SEG 03

TER 04

QUI 06

SEX 07

sono

	seg	ter	qua	qui	sex	sab	dom
+							
12							
10							
8							
6							
4							
-							

QUA 05

EVENTOS

humor

seg ter qua qui sex sab dom

Acompanhamento de Simulados

Para o que estou estudando?

Disciplina	Tema	Qtd.	Acertos	Aproveitamento	Evolução
				10 … 100	MELHOR / PIOR
				10 … 100	MELHOR / PIOR
				10 … 100	MELHOR / PIOR
				10 … 100	MELHOR / PIOR
				10 … 100	MELHOR / PIOR
				10 … 100	MELHOR / PIOR
				10 … 100	MELHOR / PIOR
				10 … 100	MELHOR / PIOR
				10 … 100	MELHOR / PIOR
				10 … 100	MELHOR / PIOR

FEVEREIRO

03 Segunda

AFIRME-SE

7	
8	
9	
10	
11	
12	
1	
2	
3	
4	
5	
6	
7	
8	
9	
10	
11	

OBJETIVO DO DIA

TEMPO DE ESTUDOS

expectativa *realidade*

◯ *café da manhã* ◯ *almoço* ◯ *snacks* ◯ *jantar*

TEM QUE SER FEITO SEM FALTA!!

1.
2.
3.

ÁGUA

o que deu certo?

podia ser melhor se...

anotações

Se você está atravessando um inferno, continue atravessando. – Winston Churchill

FEVEREIRO

04 Terça

OBJETIVO DO DIA

AFIRME-SE

JusDay

7

8

9

10

11

12

1

2

3

4

5

6

7

8

9

10

11

TEMPO DE ESTUDOS

expectativa

realidade

café da manhã almoço snacks jantar

TEM QUE SER FEITO SEM FALTA!!

1.
2.
3.

ÁGUA

o que deu certo?

podia ser melhor se...

anotações

Eu quero ser tudo que sou capaz de me tornar. – Katherine Mansfield

FEVEREIRO

05 Quarta

AFIRME-SE

JusDay

7

8

9

10

11

12

1

2

3

4

5

6

7

8

9

10

11

OBJETIVO DO DIA

TEMPO DE ESTUDOS

expectativa   realidade

○ café da manhã ○ almoço ○ snacks ○ jantar

TEM QUE SER FEITO SEM FALTA!!

1

2

3

ÁGUA

o que deu certo?

podia ser melhor se...

anotações

A distância entre a insanidade e a genialidade é medida pelo sucesso. – Bruce Feirstein

FEVEREIRO

06 Quinta

OBJETIVO DO DIA

AFIRME-SE

TEMPO DE ESTUDOS

expectativa realidade

café da manhã almoço snacks jantar

TEM QUE SER FEITO SEM FALTA!!

1
2
3

ÁGUA

7
8
9
10
11
12
1
2
3
4
5
6
7
8
9
10
11

o que deu certo?

podia ser melhor se...

anotações

Não tenha medo de desistir do bom para perseguir o ótimo. – John D. Rockefeller

FEVEREIRO

07 Sexta

AFIRME-SE

7

8

9

10

11

12

1

2

3

4

5

6

7

8

9

10

11

OBJETIVO DO DIA

TEMPO DE ESTUDOS

expectativa

realidade

café da manhã

almoço

snacks

jantar

TEM QUE SER FEITO SEM FALTA!!

1

2

3

ÁGUA

o que deu certo?

podia ser melhor se...

anotações

A felicidade é uma borboleta que, sempre que perseguida, parecerá inatingível; no entanto, se você for paciente, ela pode pousar no seu ombro. – Nathaniel Hawthorne

FEVEREIRO

08 Sábado

OBJETIVO DO DIA

AFIRME-SE

TEMPO DE ESTUDOS

expectativa ____ realidade ____

○ café da manhã ○ almoço ○ snacks ○ jantar

7
8
9
10
11
12
1
2
3
4
5
6
7
8
9
10
11

TEM QUE SER FEITO SEM FALTA!!

1. ____
2. ____
3. ____

ÁGUA

o que deu certo?

podia ser melhor se...

anotações

Se você não pode explicar algo de forma simples, então você não entendeu muito bem o que tem a dizer.
– Albert Einstein

FEVEREIRO
09 Domingo

AFIRME-SE

7
8
9
10
11
12
1
2
3
4
5
6
7
8
9
10
11

OBJETIVO DO DIA

TEMPO DE ESTUDOS

expectativa realidade

café da manhã almoço snacks jantar

TEM QUE SER FEITO SEM FALTA!!

1
2
3

ÁGUA

o que deu certo?

podia ser melhor se...

anotações

Temos nosso próprio tempo. – Legião Urbana
por **@jurisconsultt**

SEG	TER	QUA	QUI	SEX	SÁB	DOM
27	28	29	30	31	1	2
3	**4**	**5**	6	7	8	9
10	11	12	13	14	15	16
17	18	19	20	21	22	23
24	25	26	27	28	1	2

◐05 CRES ●12 CHEIA ◗20 MING ○27 NOVA

04 e **05** JusDays

TAREFAS

INFORMATIVO STF

☐ visto ☐ revisado

Obs: ____________________

____

SAB 15

DOM 16

SEG 10

TER 11

QUI 13

SEX 14

sono

+
12
10
8
6
4
-

seg ter qua qui sex sab dom

QUA 12

EVENTOS

humor

seg ter qua qui sex sab dom

Acompanhamento de Simulados

Para o que estou estudando?

Disciplina	Tema	Qtd.	Acertos	Aproveitamento	Evolução
				10 … 100	MELHOR / PIOR
				10 … 100	MELHOR / PIOR
				10 … 100	MELHOR / PIOR
				10 … 100	MELHOR / PIOR
				10 … 100	MELHOR / PIOR
				10 … 100	MELHOR / PIOR
				10 … 100	MELHOR / PIOR
				10 … 100	MELHOR / PIOR
				10 … 100	MELHOR / PIOR
				10 … 100	MELHOR / PIOR

FEVEREIRO

10 Segunda

OBJETIVO DO DIA

AFIRME-SE

TEMPO DE ESTUDOS

expectativa realidade

café da manhã almoço snacks jantar

7
8
9
10
11
12
1
2
3
4
5
6
7
8
9
10
11

TEM QUE SER FEITO SEM FALTA!!

1
2
3

ÁGUA

o que deu certo?

podia ser melhor se...

anotações

A verdade é que nunca estaremos totalmente prontos. Esperar o momento perfeito da vida para estudar é apenas adiar o plano estratégico para realizar nosso sonho do concurso público.

por **@euvoupassei**

FEVEREIRO

11 Terça

AFIRME-SE

7

8

9

10

11

12

1

2

3

4

5

6

7

8

9

10

11

OBJETIVO DO DIA

TEMPO DE ESTUDOS

expectativa realidade

café da manhã almoço snacks jantar

TEM QUE SER FEITO SEM FALTA!!

1
2
3

ÁGUA

o que deu certo?

podia ser melhor se...

anotações

Sonhe alto porque o seu Deus é grande. – Autor Anônimo
por **@concurseiroiniciantee**

FEVEREIRO

12 Quarta

AFIRME-SE

7

8

9

10

11

12

1

2

3

4

5

6

7

8

9

10

11

OBJETIVO DO DIA

TEMPO DE ESTUDOS

expectativa

realidade

café da manhã almoço snacks jantar

TEM QUE SER FEITO SEM FALTA!!

1.
2.
3.

ÁGUA

o que deu certo?

podia ser melhor se...

anotações

Sofra a dor da disciplina ou sofra a dor do arrependimento!
por **@_focanoconcurso**

FEVEREIRO

13 Quinta

OBJETIVO DO DIA

TEMPO DE ESTUDOS

expectativa realidade

AFIRME-SE

JusDay

café da manhã ◯ almoço ◯ snacks ◯ jantar ◯

7
8
9
10
11
12
1
2
3
4
5
6
7
8
9
10
11

TEM QUE SER FEITO SEM FALTA!!

1
2
3

ÁGUA

o que deu certo?

podia ser melhor se...

anotações

O correr da vida embrulha tudo; a vida é assim: esquenta e esfria, aperta e daí afrouxa, sossega e depois desinquieta. O que ela quer da gente é coragem. – Guimarães Rosa

por **@focojoy**

FEVEREIRO

14 Sexta

OBJETIVO DO DIA

AFIRME-SE

7

8

9

10

11

12

1

2

3

4

5

6

7

8

9

10

11

TEMPO DE ESTUDOS

expectativa

realidade

café da manhã

almoço

snacks

jantar

TEM QUE SER FEITO SEM FALTA!!

1.
2.
3.

ÁGUA

o que deu certo?

podia ser melhor se...

anotações

Peça a Deus que abençoe os seus planos, e eles darão certo. – Provérbios

por **@concurseiralavoueu**

FEVEREIRO

15 Sábado

OBJETIVO DO DIA

AFIRME-SE

7

8

9

10

11

12

1

2

3

4

5

6

7

8

9

10

11

TEMPO DE ESTUDOS

expectativa *realidade*

○ *café da manhã* ○ *almoço* ○ *snacks* ○ *jantar*

TEM QUE SER FEITO SEM FALTA!!

1
2
3

ÁGUA

o que deu certo?

podia ser melhor se...

anotações

Hoje acordei com uma vontade absurda de vestir a toga.
– Autor Anônimo
por **@vouser.juiza**

FEVEREIRO

16 Domingo

OBJETIVO DO DIA

AFIRME-SE

7

8

9

10

11

12

1

2

3

4

5

6

7

8

9

10

11

TEMPO DE ESTUDOS

expectativa realidade

café da manhã almoço snacks jantar

TEM QUE SER FEITO SEM FALTA!!

1

2

3

ÁGUA

o que deu certo?

podia ser melhor se...

anotações

O sucesso é a soma de pequenos esforços repetidos dia após dia. – Robert Collier

por **@corujinha_juridica**

fev

SEG	TER	QUA	QUI	SEX	SÁB	DOM
27	28	29	30	31	1	2
3	**4**	**5**	6	7	8	9
10	11	12	13	14	15	16
17	18	19	20	21	22	23
24	25	26	27	28	1	2

◐05 CRES ●12 CHEIA ◑20 MING ○27 NOVA

04 e **05** JusDays

SEG 17

sono

	seg	ter	qua	qui	sex	sab	dom
+							
12							
10							
8							
6							
4							
-							

TER 18

QUA 19

QUI 20

EVENTOS

TAREFAS

SEX 21

INFORMATIVO STF

☐ visto ☐ revisado

Obs: ____________________

____

SAB 22

DOM 23

humor

seg ter qua qui sex sab dom

Acompanhamento de Simulados

Para o que estou estudando?

Disciplina	Tema	Qtd.	Acertos	Aproveitamento	Evolução
				10 … 100	MELHOR / PIOR
				10 … 100	MELHOR / PIOR
				10 … 100	MELHOR / PIOR
				10 … 100	MELHOR / PIOR
				10 … 100	MELHOR / PIOR
				10 … 100	MELHOR / PIOR
				10 … 100	MELHOR / PIOR
				10 … 100	MELHOR / PIOR
				10 … 100	MELHOR / PIOR
				10 … 100	MELHOR / PIOR

FEVEREIRO

17 Segunda

AFIRME-SE

7

8

9

10

11

12

1

2

3

4

5

6

7

8

9

10

11

OBJETIVO DO DIA

TEMPO DE ESTUDOS

expectativa realidade

café da manhã almoço snacks jantar

TEM QUE SER FEITO SEM FALTA!!

1

2

3

ÁGUA

o que deu certo?

podia ser melhor se...

anotações

Sempre que você vir uma pessoa de sucesso, você sempre verá as glórias, nunca os sacrifícios que os levaram até ali. – Vaibhav Shah
por **@coisasdeconcurseira**

FEVEREIRO
18 Terça

OBJETIVO DO DIA

AFIRME-SE

7

8

9

10

11

12

1

2

3

4

5

6

7

8

9

10

11

TEMPO DE ESTUDOS

expectativa

realidade

café da manhã

almoço

snacks

jantar

TEM QUE SER FEITO SEM FALTA!!

1

2

3

ÁGUA

o que deu certo?

podia ser melhor se...

anotações

Estude um pouco hoje, amanhã a gente vê.
por **@juizadotrabalho**

FEVEREIRO

19 Quarta

AFIRME-SE

7

8

9

10

11

12

1

2

3

4

5

6

7

8

9

10

11

OBJETIVO DO DIA

TEMPO DE ESTUDOS

expectativa *realidade*

○ *café da manhã* ○ *almoço* ○ *snacks* ○ *jantar*

TEM QUE SER FEITO SEM FALTA!!

①

②

③

ÁGUA

o que deu certo?

podia ser melhor se...

anotações

Os satisfeitos nada mais fazem. Os insatisfeitos são os únicos propulsores do mundo. – Walter Savage Landor

por **@isadoramradv**

FEVEREIRO

20 Quinta

OBJETIVO DO DIA

AFIRME-SE

7
8
9
10
11
12
1
2
3
4
5
6
7
8
9
10
11

TEMPO DE ESTUDOS

expectativa *realidade*

○ *café da manhã* ○ *almoço* ○ *snacks* ○ *jantar*

TEM QUE SER FEITO SEM FALTA!!

1.
2.
3.

ÁGUA

o que deu certo?

podia ser melhor se...

anotações

As conquistas dependem de 50% de inspiração, criatividade e sonho, e 50% de disciplina, trabalho árduo e determinação. – Augusto Cury
por **@focodeconcurseira**

FEVEREIRO
21 Sexta

OBJETIVO DO DIA

AFIRME-SE

7

8

9

10

11

12

1

2

3

4

5

6

7

8

9

10

11

TEMPO DE ESTUDOS

expectativa

realidade

café da manhã   almoço   snacks   jantar

TEM QUE SER FEITO SEM FALTA!!

1

2

3

ÁGUA

o que deu certo?

podia ser melhor se...

anotações

Até o maior dos prédios começa no chão. – Autor Anônimo

por **@queropossoconsigo**

FEVEREIRO

22 Sábado

OBJETIVO DO DIA

AFIRME-SE

TEMPO DE ESTUDOS

expectativa realidade

café da manhã | almoço | snacks | jantar

7
8
9
10
11
12
1
2
3
4
5
6
7
8
9
10
11

TEM QUE SER FEITO SEM FALTA!!

1
2
3

ÁGUA

o que deu certo?

podia ser melhor se...

anotações

O único homem que nunca comete erros é aquele que nunca faz coisa alguma. Não tenha medo de errar, pois aprenderá a não cometer duas vezes o mesmo erro. – Franklyn Roosevelt por **@criminais**

FEVEREIRO

23 Domingo

AFIRME-SE

7

8

9

10

11

12

1

2

3

4

5

6

7

8

9

10

11

OBJETIVO DO DIA

TEMPO DE ESTUDOS

expectativa

realidade

café da manhã

almoço

snacks

jantar

TEM QUE SER FEITO SEM FALTA!!

1

2

3

ÁGUA

o que deu certo?

podia ser melhor se...

anotações

A vitória sempre foi de quem nunca duvidou dela.
– Raul Follerean
por **@concursandanostribunais**

fev

SEG	TER	QUA	QUI	SEX	SÁB	DOM
27	28	29	30	31	1	2
3	**4**	**5**	6	7	8	9
10	11	12	13	14	15	16
17	18	19	20	21	22	23
24	25	26	27	28	1	2

◐05 CRES ●12 CHEIA ◑20 MING ○27 NOVA

04 e **05** JusDays

SEG 24

TER 25

QUA 26

QUI 27

SEX 28

sono

	seg	ter	qua	qui	sex	sab	dom
+							
12							
10							
8							
6							
4							
-							

EVENTOS

TAREFAS

INFORMATIVO STF

☐ visto ☐ revisado

Obs: ______________________

____

SAB 01

DOM 02

humor

	seg	ter	qua	qui	sex	sab	dom

Acompanhamento de Simulados

Para o que estou estudando?

Disciplina	Tema	Qtd.	Acertos	Aproveitamento	Evolução
				10 … 100	MELHOR ↕ PIOR
				10 … 100	MELHOR ↕ PIOR
				10 … 100	MELHOR ↕ PIOR
				10 … 100	MELHOR ↕ PIOR
				10 … 100	MELHOR ↕ PIOR
				10 … 100	MELHOR ↕ PIOR
				10 … 100	MELHOR ↕ PIOR
				10 … 100	MELHOR ↕ PIOR
				10 … 100	MELHOR ↕ PIOR
				10 … 100	MELHOR ↕ PIOR

FEVEREIRO

24 Segunda

OBJETIVO DO DIA

AFIRME-SE

7	
8	
9	
10	
11	
12	
1	
2	
3	
4	
5	
6	
7	
8	
9	
10	
11	

TEMPO DE ESTUDOS

expectativa

realidade

◯ café da manhã ◯ almoço ◯ snacks ◯ jantar

TEM QUE SER FEITO SEM FALTA!!

1.
2.
3.

ÁGUA

o que deu certo?

podia ser melhor se...

anotações

A inspiração que você procura já está dentro de você. Fique em silêncio e escute. – Rumi

por **@_study_mi**

FEVEREIRO

25 Terça

AFIRME-SE

7	
8	
9	
10	
11	
12	
1	
2	
3	
4	
5	
6	
7	
8	
9	
10	
11	

OBJETIVO DO DIA

TEMPO DE ESTUDOS

expectativa ____ *realidade* ____

○ *café da manhã* ○ *almoço* ○ *snacks* ○ *jantar*

TEM QUE SER FEITO SEM FALTA!!

1. ____
2. ____
3. ____

ÁGUA

o que deu certo?

podia ser melhor se...

anotações

O progresso, mesmo que lento, ainda é progresso. Seja paciente. – Autor Anônimo

por **@magistradaemformacao**

FEVEREIRO

26 Quarta

OBJETIVO DO DIA

AFIRME-SE

TEMPO DE ESTUDOS

expectativa

realidade

café da manhã

almoço

snacks

jantar

7

8

9

10

11

12

1

2

3

4

5

6

7

8

9

10

11

TEM QUE SER FEITO SEM FALTA!!

1

2

3

ÁGUA

o que deu certo?

podia ser melhor se...

anotações

Para evitar críticas: não faça nada, não diga nada, não seja nada. – Elbert Hubbard

FEVEREIRO

27 Quinta

AFIRME-SE

7

8

9

10

11

12

1

2

3

4

5

6

7

8

9

10

11

OBJETIVO DO DIA

TEMPO DE ESTUDOS

expectativa realidade

café da manhã almoço snacks jantar

TEM QUE SER FEITO SEM FALTA!!

1

2

3

ÁGUA

o que deu certo?

podia ser melhor se...

anotações

Comece de onde você está. Use o que você tiver. Faça o que você puder. – Arthur Ashe

FEVEREIRO

28 Sexta

OBJETIVO DO DIA

AFIRME-SE

7

8

9

10

11

12

1

2

3

4

5

6

7

8

9

10

11

TEMPO DE ESTUDOS

expectativa ______ realidade ______

○ café da manhã ○ almoço ○ snacks ○ jantar

TEM QUE SER FEITO SEM FALTA!!

1. ______
2. ______
3. ______

ÁGUA

o que deu certo?

podia ser melhor se...

anotações

As pessoas me perguntam qual é o papel que mais gostei de interpretar. Eu sempre respondo: o próximo. – Kevin Kline

MARÇO

01 Sábado

AFIRME-SE

7

8

9

10

11

12

1

2

3

4

5

6

7

8

9

10

11

OBJETIVO DO DIA

TEMPO DE ESTUDOS

expectativa realidade

café da manhã almoço snacks jantar

TEM QUE SER FEITO SEM FALTA!!

1.
2.
3.

ÁGUA

o que deu certo?

podia ser melhor se...

anotações

Feliz aquele que sabe adquirir experiência com o erro dos outros. – Kauto

MARÇO

02 Domingo

OBJETIVO DO DIA

AFIRME-SE

7	
8	
9	
10	
11	
12	
1	
2	
3	
4	
5	
6	
7	
8	
9	
10	
11	

TEMPO DE ESTUDOS

expectativa

realidade

○ café da manhã ○ almoço ○ snacks ○ jantar

TEM QUE SER FEITO SEM FALTA!!

1.
2.
3.

ÁGUA

o que deu certo?

podia ser melhor se...

anotações

O ponto de partida de qualquer conquista é o desejo.
– Napoleon Hill

anotações

Março

SEG	TER	QUA	QUI	SEX	SÁB	DOM
24	25	26	27	28	1	2
3	**4**	**5**	6	7	**8**	9
10	11	12	13	14	**15**	16
17	18	19	20	21	22	23
24	25	26	27	28	29	30
31	1	2	3	4	5	6

◐06 CRES ●14 CHEIA ◗22 MING ○29 NOVA

03 e **04** Carnaval
05 Início da Quaresma
05 Quarta-feira de cinzas
08 Dia Internacional da Mulher
15 Dia do Consumidor

mar

SEG	TER	QUA	QUI	SEX	SÁB	DOM
					1	2
3	4	5	6	7	8	9
10	11	12	13	14	15	16
17	18	19	20	21	22	23
24	25	26	27	28	29	30
31						

● trabalho ■ pessoal ★ estudos

▲ cursos ◎ viagem

INFORMATIVOS STJ

___ / ___ / ___

☐ visto ☐ revisado

Obs: ______________________

___ / ___ / ___

☐ visto ☐ revisado

Obs: ______________________

ANIVERSÁRIOS

EDITAIS ABERTOS

① ______________________

② ______________________

③ ______________________

Controle de hábitos

1 2 3 4 5 6 7 8 9 10 11 12 13 14 15 16 17 18 19 20 21 22 23 24 25 26 27 28 29 30 31

Finanças

GANHOS

total

GASTOS

total

total

TAREFAS

EXTRAS

total

TOTAL DE GASTOS

POUPANÇA (GANHOS - GASTOS)

Metas do mês

Fluxo de estudos

	0	1h	2h	3h	4h	5h	6h	7h	8h	9h	10h	+
1												
2												
3												
4												
5												
6												
7												
8												
9												
10												
11												
12												
13												
14												
15												
16												
17												
18												
19												
20												
21												
22												
23												
24												
25												
26												
27												
28												
29												
30												
31												

SEG	TER	QUA	QUI	SEX	SÁB	DOM
24	25	26	27	28	1	2
3	**4**	**5**	6	7	**8**	9
10	11	12	13	14	**15**	16
17	18	19	20	21	22	23
24	25	26	27	28	29	30
31	1	2	3	4	5	6

◐06 CRES ●14 CHEIA ◑22 MING ○29 NOVA

03 e **04** Carnaval **05** Início da Quaresma
05 Quarta-feira de cinzas
08 Dia Internacional da Mulher
15 Dia do Consumidor

TAREFAS

INFORMATIVO STF
☐ visto ☐ revisado
Obs: ______________________
____

SEG 03

TER 04

QUA 05

QUI 06

EVENTOS

SEX 07

sono

+
12
10
8
6
4
-
seg ter qua qui sex sab dom

SAB 08

DOM 09

humor

seg ter qua qui sex sab dom

Acompanhamento de Simulados

Para o que estou estudando?

___

Disciplina	Tema	Qtd.	Acertos	Aproveitamento	Evolução
				10 … 100	MELHOR / PIOR
				10 … 100	MELHOR / PIOR
				10 … 100	MELHOR / PIOR
				10 … 100	MELHOR / PIOR
				10 … 100	MELHOR / PIOR
				10 … 100	MELHOR / PIOR
				10 … 100	MELHOR / PIOR
				10 … 100	MELHOR / PIOR
				10 … 100	MELHOR / PIOR
				10 … 100	MELHOR / PIOR

MARÇO

03 Segunda

OBJETIVO DO DIA

AFIRME-SE

Carnaval

7

8

9

10

11

12

1

2

3

4

5

6

7

8

9

10

11

TEMPO DE ESTUDOS

expectativa *realidade*

○ *café da manhã* ○ *almoço* ○ *snacks* ○ *jantar*

TEM QUE SER FEITO SEM FALTA!!

1

2

3

ÁGUA

o que deu certo?

podia ser melhor se...

anotações

A vaidade e o orgulho são coisas diferentes, embora as palavras sejam frequentemente usadas como sinônimos.
– Jane Austen

MARÇO

04 Terça

OBJETIVO DO DIA

AFIRME-SE

Carnaval

7

8

9

10

11

12

1

2

3

4

5

6

7

8

9

10

11

TEMPO DE ESTUDOS

expectativa realidade

café da manhã almoço snacks jantar

TEM QUE SER FEITO SEM FALTA!!

1

2

3

ÁGUA

o que deu certo?

podia ser melhor se...

anotações

Todo progresso acontece fora da zona de conforto.
– Michael John Bobak

MARÇO

05 Quarta

OBJETIVO DO DIA

AFIRME-SE

Início da Quaresma – Quarta Feira de Cinzas

7

8

9

10

11

12

1

2

3

4

5

6

7

8

9

10

11

TEMPO DE ESTUDOS

expectativa realidade

café da manhã almoço snacks jantar

TEM QUE SER FEITO SEM FALTA!!

1

2

3

ÁGUA

o que deu certo?

podia ser melhor se...

anotações

Coragem é a resistência e o domínio do medo, não a ausência dele. – Mark Twain

MARÇO

06 Quinta

OBJETIVO DO DIA

AFIRME-SE

7

8

9

10

11

12

1

2

3

4

5

6

7

8

9

10

11

TEMPO DE ESTUDOS

expectativa

realidade

café da manhã

almoço

snacks

jantar

TEM QUE SER FEITO SEM FALTA!!

1

2

3

ÁGUA

o que deu certo?

podia ser melhor se...

anotações

Só evite fazer algo hoje se você quiser morrer deixando assuntos inacabados. – Pablo Picasso

MARÇO

07 Sexta

AFIRME-SE

7

8

9

10

11

12

1

2

3

4

5

6

7

8

9

10

11

OBJETIVO DO DIA

TEMPO DE ESTUDOS

expectativa realidade

café da manhã almoço snacks jantar

TEM QUE SER FEITO SEM FALTA!!

1.
2.
3.

ÁGUA

o que deu certo?

podia ser melhor se...

anotações

O único lugar em que o sucesso vem antes do trabalho é no dicionário. – Vidal Sassoon

MARÇO

08 Sábado

OBJETIVO DO DIA

TEMPO DE ESTUDOS

expectativa realidade

◯ café da manhã ◯ almoço ◯ snacks ◯ jantar

TEM QUE SER FEITO SEM FALTA!!

1.
2.
3.

ÁGUA

AFIRME-SE

Dia Internacional da Mulher

7
8
9
10
11
12
1
2
3
4
5
6
7
8
9
10
11

o que deu certo?

podia ser melhor se...

anotações

Embora ninguém possa voltar atrás e começar tudo de novo, qualquer um pode ter um ótimo final. – Carl Bard

MARÇO

09 Domingo

OBJETIVO DO DIA

AFIRME-SE

7

8

9

10

11

12

1

2

3

4

5

6

7

8

9

10

11

TEMPO DE ESTUDOS

expectativa

realidade

café da manhã almoço snacks jantar

TEM QUE SER FEITO SEM FALTA!!

1
2
3

ÁGUA

o que deu certo?

podia ser melhor se...

anotações

Descobri que, se você tem vontade de viver e curiosidade, dormir não é a coisa mais importante. – Martha Stewart

SEG	TER	QUA	QUI	SEX	SÁB	DOM
24	25	26	27	28	1	2
3	**4**	**5**	6	7	**8**	9
10	11	12	13	14	**15**	16
17	18	19	20	21	22	23
24	25	26	27	28	29	30
31	1	2	3	4	5	6

◐06 CRES ●14 CHEIA ◑22 MING ○29 NOVA

03 e **04** Carnaval **05** Início da Quaresma
05 Quarta-feira de cinzas
08 Dia Internacional da Mulher
15 Dia do Consumidor

TAREFAS

INFORMATIVO STF

☐ visto ☐ revisado

Obs: ____________________

____

SEG 10

TER 11

QUA 12

QUI 13

EVENTOS

SEX 14

SAB 15

DOM 16

sono

	seg	ter	qua	qui	sex	sab	dom
+	·	·	·	·	·	·	·
12	·	·	·	·	·	·	·
10	·	·	·	·	·	·	·
8	·	·	·	·	·	·	·
6	·	·	·	·	·	·	·
4	·	·	·	·	·	·	·
-	·	·	·	·	·	·	·

humor

seg ter qua qui sex sab dom

Acompanhamento de Simulados

Para o que estou estudando?

Disciplina	Tema	Qtd.	Acertos	Aproveitamento	Evolução
				10 … 100	MELHOR / PIOR
				10 … 100	MELHOR / PIOR
				10 … 100	MELHOR / PIOR
				10 … 100	MELHOR / PIOR
				10 … 100	MELHOR / PIOR
				10 … 100	MELHOR / PIOR
				10 … 100	MELHOR / PIOR
				10 … 100	MELHOR / PIOR
				10 … 100	MELHOR / PIOR
				10 … 100	MELHOR / PIOR

MARÇO

10 Segunda

AFIRME-SE

7

8

9

10

11

12

1

2

3

4

5

6

7

8

9

10

11

OBJETIVO DO DIA

TEMPO DE ESTUDOS

expectativa

realidade

café da manhã almoço snacks jantar

TEM QUE SER FEITO SEM FALTA!!

1
2
3

ÁGUA

o que deu certo?

podia ser melhor se...

anotações

Daqui a vinte anos, você não terá arrependimento das coisas que fez, mas das que deixou de fazer. Por isso, veleje longe do seu porto seguro. Pegue os ventos. Explore. Sonhe. Descubra. – Mark Twain

MARÇO
11 Terça

OBJETIVO DO DIA

AFIRME-SE

7
8
9
10
11
12
1
2
3
4
5
6
7
8
9
10
11

TEMPO DE ESTUDOS

expectativa realidade

café da manhã almoço snacks jantar

TEM QUE SER FEITO SEM FALTA!!

1
2
3

ÁGUA

o que deu certo?

podia ser melhor se...

anotações

O primeiro passo rumo ao sucesso é dado quando você se recusa ao ser um refém do ambiente em que se encontra.
– Mark Caine

MARÇO

12 Quarta

OBJETIVO DO DIA

AFIRME-SE

7

8

9

10

11

12

1

2

3

4

5

6

7

8

9

10

11

TEMPO DE ESTUDOS

expectativa

realidade

café da manhã ◯ almoço ◯ snacks ◯ jantar

TEM QUE SER FEITO SEM FALTA!!

1

2

3

ÁGUA

o que deu certo?

podia ser melhor se...

anotações

Todas as grandes coisas vêm de pequenos começos. A semente de todo hábito é uma decisão única e minúscula. Mas à medida que essa decisão é repetida, um hábito brota e se fortalece.

– James Clear

MARÇO

13 Quinta

OBJETIVO DO DIA

AFIRME-SE

7

8

9

10

11

12

1

2

3

4

5

6

7

8

9

10

11

TEMPO DE ESTUDOS

expectativa ________ realidade ________

◯ café da manhã ◯ almoço ◯ snacks ◯ jantar

TEM QUE SER FEITO SEM FALTA!!

1. ________
2. ________
3. ________

ÁGUA

o que deu certo?

podia ser melhor se...

anotações

Continue andando. Haverá a chance de você ser barrado por um obstáculo, talvez por algo que você nem espere. Mas siga, até porque eu nunca ouvi falar de ninguém que foi barrado enquanto estava parado.
– Charles F. Kettering

MARÇO

14 Sexta

OBJETIVO DO DIA

AFIRME-SE

7

8

9

10

11

12

1

2

3

4

5

6

7

8

9

10

11

TEMPO DE ESTUDOS

expectativa

realidade

café da manhã almoço snacks jantar

TEM QUE SER FEITO SEM FALTA!!

1

2

3

ÁGUA

o que deu certo?

podia ser melhor se...

anotações

Se você realmente quer algo, não espere. Ensine você mesmo a ser impaciente. – Gurbaksh Chahal

MARÇO

15 Sábado

AFIRME-SE

Dia do Consumidor

7

8

9

10

11

12

1

2

3

4

5

6

7

8

9

10

11

OBJETIVO DO DIA

TEMPO DE ESTUDOS

expectativa realidade

café da manhã ◯ almoço ◯ snacks ◯ jantar

TEM QUE SER FEITO SEM FALTA!!

1

2

3

ÁGUA

o que deu certo?

podia ser melhor se...

anotações

Se você quer uma mudança permanente, pare de focar no tamanho de seus problemas e comece a focar no seu tamanho! – T. Harv Eker

MARÇO

16 Domingo

OBJETIVO DO DIA

AFIRME-SE

TEMPO DE ESTUDOS

expectativa realidade

café da manhã almoço snacks jantar

7	
8	
9	
10	
11	
12	
1	
2	
3	
4	
5	
6	
7	
8	
9	
10	
11	

TEM QUE SER FEITO SEM FALTA!!

1.
2.
3.

ÁGUA

o que deu certo?

podia ser melhor se...

anotações

Pessoas de sucesso fazem o que pessoas mal sucedidas não querem fazer. Não queira que a vida seja mais fácil. Deseje que você seja ainda melhor. – Jim Rohn

SEG	TER	QUA	QUI	SEX	SÁB	DOM
24	25	26	27	28	1	2
3	**4**	**5**	6	7	**8**	9
10	11	12	13	14	**15**	16
17	18	19	20	21	22	23
24	25	26	27	28	29	30
31	1	2	3	4	5	6

◐06 CRES ●14 CHEIA ◑22 MING ○29 NOVA

03 e **04** Carnaval **05** Início da Quaresma
05 Quarta-feira de cinzas
08 Dia Internacional da Mulher
15 Dia do Consumidor

SEG 17

TER 18

QUA 19

QUI 20

TAREFAS

EVENTOS

SEX 21

INFORMATIVO STF

☐ visto ☐ revisado

Obs: ______________________

____

sono

+	·	·	·	·	·	·	·
12	·	·	·	·	·	·	·
10	·	·	·	·	·	·	·
8	·	·	·	·	·	·	·
6	·	·	·	·	·	·	·
4	·	·	·	·	·	·	·
-	·	·	·	·	·	·	·
	seg	ter	qua	qui	sex	sab	dom

SAB 22

DOM 23

humor

seg	ter	qua	qui	sex	sab	dom

Acompanhamento de Simulados

Para o que estou estudando?

Disciplina	Tema	Qtd.	Acertos	Aproveitamento	Evolução
				10 … 100	MELHOR / PIOR
				10 … 100	MELHOR / PIOR
				10 … 100	MELHOR / PIOR
				10 … 100	MELHOR / PIOR
				10 … 100	MELHOR / PIOR
				10 … 100	MELHOR / PIOR
				10 … 100	MELHOR / PIOR
				10 … 100	MELHOR / PIOR
				10 … 100	MELHOR / PIOR
				10 … 100	MELHOR / PIOR

MARÇO

17 Segunda

AFIRME-SE

7

8

9

10

11

12

1

2

3

4

5

6

7

8

9

10

11

OBJETIVO DO DIA

TEMPO DE ESTUDOS

expectativa *realidade*

○ *café da manhã* ○ *almoço* ○ *snacks* ○ *jantar*

TEM QUE SER FEITO SEM FALTA!!

①

②

③

ÁGUA

o que deu certo?

podia ser melhor se...

anotações

A primeira razão para o fracasso de alguém é escutar amigos, família e vizinhos. – Napoleon Hill

MARÇO

18 Terça

OBJETIVO DO DIA

AFIRME-SE

7	
8	
9	
10	
11	
12	
1	
2	
3	
4	
5	
6	
7	
8	
9	
10	
11	

TEMPO DE ESTUDOS

expectativa ________ *realidade* ________

◯ *café da manhã* ◯ *almoço* ◯ *snacks* ◯ *jantar*

TEM QUE SER FEITO SEM FALTA!!

1. ________
2. ________
3. ________

ÁGUA

o que deu certo?

podia ser melhor se...

anotações

O sucesso não consiste em não errar, mas não cometer os mesmos equívocos mais de uma vez. – George Bernard Shaw

MARÇO

19 Quarta

AFIRME-SE

7

8

9

10

11

12

1

2

3

4

5

6

7

8

9

10

11

OBJETIVO DO DIA

TEMPO DE ESTUDOS

expectativa realidade

café da manhã almoço snacks jantar

TEM QUE SER FEITO SEM FALTA!!

1

2

3

ÁGUA

o que deu certo?

podia ser melhor se...

anotações

Feliz aquele que transfere o que sabe, e aprende o que ensina. – Cora Coralina
por **@jurisconsultt**

MARÇO

20 Quinta

OBJETIVO DO DIA

AFIRME-SE

7

8

9

10

11

12

1

2

3

4

5

6

7

8

9

10

11

TEMPO DE ESTUDOS

expectativa

realidade

café da manhã

almoço

snacks

jantar

TEM QUE SER FEITO SEM FALTA!!

1

2

3

ÁGUA

o que deu certo?

podia ser melhor se...

anotações

A única comparação que realmente importa é com quem éramos ontem. A busca da evolução diária é a chave para alcançarmos nossos objetivos.

por **@euvoupassei**

MARÇO

21 Sexta

OBJETIVO DO DIA

AFIRME-SE

TEMPO DE ESTUDOS

expectativa

realidade

café da manhã

almoço

snacks

jantar

7

8

9

10

11

12

1

2

3

4

5

6

7

8

9

10

11

TEM QUE SER FEITO SEM FALTA!!

1

2

3

ÁGUA

o que deu certo?

podia ser melhor se...

anotações

Cada pessoa tem seu tempo, não se compare aos outros. Valorize o que conquistou na sua própria velocidade.
– Autor Anônimo
por **@concurseiroiniciantee**

MARÇO

22 Sábado

OBJETIVO DO DIA

AFIRME-SE

7	
8	
9	
10	
11	
12	
1	
2	
3	
4	
5	
6	
7	
8	
9	
10	
11	

TEMPO DE ESTUDOS

expectativa ____ realidade ____

○ café da manhã ○ almoço ○ snacks ○ jantar

TEM QUE SER FEITO SEM FALTA!!

1. ____
2. ____
3. ____

ÁGUA

o que deu certo?

podia ser melhor se...

anotações

Planeje o seu trabalho hoje para todos os dias trabalhar para o seu plano. – Norman Vincent Peale

por **@_focanoconcurso**

MARÇO

23 Domingo

AFIRME-SE

7

8

9

10

11

12

1

2

3

4

5

6

7

8

9

10

11

OBJETIVO DO DIA

TEMPO DE ESTUDOS

expectativa realidade

café da manhã almoço snacks jantar

TEM QUE SER FEITO SEM FALTA!!

1
2
3

ÁGUA

o que deu certo?

podia ser melhor se...

anotações

Mais importante do que o resultado da batalha, é o sentido da luta. – Pablo Stolze
por **@focojoy**

mar

SEG	TER	QUA	QUI	SEX	SÁB	DOM
24	25	26	27	28	1	2
3	**4**	**5**	6	7	**8**	9
10	11	12	13	14	**15**	16
17	18	19	20	21	22	23
24	25	26	27	28	29	30
31	1	2	3	4	5	6

◐06 CRES ●14 CHEIA ◑22 MING ○29 NOVA

03 e **04** Carnaval **05** Início da Quaresma
05 Quarta-feira de cinzas
08 Dia Internacional da Mulher
15 Dia do Consumidor

SEG 24

TER 25

QUA 26

QUI 27

TAREFAS

EVENTOS

SEX 28

INFORMATIVO STF

☐ visto ☐ revisado

Obs: ____________________

____

sono

	seg	ter	qua	qui	sex	sab	dom
+							
12							
10							
8							
6							
4							
-							

SAB 29

DOM 30

humor

seg ter qua qui sex sab dom

Acompanhamento de Simulados

Para o que estou estudando?

Disciplina	Tema	Qtd.	Acertos	Aproveitamento	Evolução
				10 100	MELHOR PIOR
				10 100	MELHOR PIOR
				10 100	MELHOR PIOR
				10 100	MELHOR PIOR
				10 100	MELHOR PIOR
				10 100	MELHOR PIOR
				10 100	MELHOR PIOR
				10 100	MELHOR PIOR
				10 100	MELHOR PIOR
				10 100	MELHOR PIOR

MARÇO

24 Segunda

AFIRME-SE

7

8

9

10

11

12

1

2

3

4

5

6

7

8

9

10

11

OBJETIVO DO DIA

TEMPO DE ESTUDOS

expectativa

realidade

café da manhã almoço snacks jantar

TEM QUE SER FEITO SEM FALTA!!

1

2

3

ÁGUA

o que deu certo?

podia ser melhor se...

anotações

Ame a vida que você tem enquanto está construindo a vida que deseja. – Hal Elrod

por **@concurseiralavoueu**

MARÇO

25 Terça

AFIRME-SE

7

8

9

10

11

12

1

2

3

4

5

6

7

8

9

10

11

OBJETIVO DO DIA

TEMPO DE ESTUDOS

expectativa

realidade

café da manhã almoço snacks jantar

TEM QUE SER FEITO SEM FALTA!!

1

2

3

ÁGUA

o que deu certo?

podia ser melhor se...

anotações

Disciplina é a ponte entre você e a aprovação. – Autor Anônimo
por **@vouser.juiza**

MARÇO

26 Quarta

OBJETIVO DO DIA

AFIRME-SE

7

8

9

10

11

12

1

2

3

4

5

6

7

8

9

10

11

TEMPO DE ESTUDOS

expectativa realidade

café da manhã almoço snacks jantar

TEM QUE SER FEITO SEM FALTA!!

1

2

3

ÁGUA

o que deu certo?

podia ser melhor se...

anotações

O lucro do nosso estudo é tornarmo-nos melhores e mais sábios. – Michel de Montaigne
por **@corujinha_juridica**

MARÇO

27 Quinta

AFIRME-SE

7

8

9

10

11

12

1

2

3

4

5

6

7

8

9

10

11

OBJETIVO DO DIA

TEMPO DE ESTUDOS

expectativa realidade

café da manhã almoço snacks jantar

TEM QUE SER FEITO SEM FALTA!!

1

2

3

ÁGUA

o que deu certo?

podia ser melhor se...

anotações

Não é o mais forte que sobrevive, nem o mais inteligente. Quem sobrevive é o mais disposto à mudança. – Charles Darwin
por **@coisasdeconcurseira**

MARÇO

28 Sexta

OBJETIVO DO DIA

TEMPO DE ESTUDOS

expectativa *realidade*

AFIRME-SE

○ *café da manhã* ○ *almoço* ○ *snacks* ○ *jantar*

7

8

9

10

11

12

1

2

3

4

5

6

7

8

9

10

11

TEM QUE SER FEITO SEM FALTA!!

1

2

3

ÁGUA

o que deu certo?

podia ser melhor se...

anotações

Defina metas que te façam pular da cama pela manhã.
por **@juizadotrabalho**

MARÇO

29 Sábado

AFIRME-SE

7

8

9

10

11

12

1

2

3

4

5

6

7

8

9

10

11

OBJETIVO DO DIA

TEMPO DE ESTUDOS

expectativa realidade

café da manhã almoço snacks jantar

TEM QUE SER FEITO SEM FALTA!!

1

2

3

ÁGUA

o que deu certo?

podia ser melhor se...

anotações

Uma jornada de duzentos quilômetros começa com um simples passo. – Provérbio Chinês
por **@isadoramradv**

MARÇO

30 Domingo

OBJETIVO DO DIA

AFIRME-SE

7

8

9

10

11

12

1

2

3

4

5

6

7

8

9

10

11

TEMPO DE ESTUDOS

expectativa

realidade

café da manhã ◯ almoço ◯ snacks ◯ jantar

TEM QUE SER FEITO SEM FALTA!!

1.
2.
3.

ÁGUA

o que deu certo?

podia ser melhor se...

anotações

Independentemente das circunstâncias, devemos ser sempre humildes, recatados e despidos de orgulho.
– Dalai Lama

por **@focodeconcurseira**

anotações

Abril

SEG	TER	QUA	QUI	SEX	SÁB	DOM
31	1	2	3	4	5	6
7	8	9	10	11	12	13
14	15	16	17	**18**	19	**20**
21	**22**	**23**	**24**	**25**	26	27
28	29	30	1	2	3	4

◐04 CRES ●12 CHEIA ◑20 MING ○27 NOVA

18 Sexta-feira Santa
20 Páscoa
21 Tiradentes
22 a **25** Semana do Livro

abr

SEG	TER	QUA	QUI	SEX	SÁB	DOM
	1	2	3	4	5	6
7	8	9	10	11	12	13
14	15	16	17	**18**	19	**20**
21	**22**	**23**	**24**	**25**	26	27
28	29	30				

● trabalho ▲ cursos
■ pessoal ◎ viagem
★ estudos

INFORMATIVOS STJ

___ / ___ / ____
☐ visto ☐ revisado
Obs: ______________________

___ / ___ / ____
☐ visto ☐ revisado
Obs: ______________________

ANIVERSÁRIOS

EDITAIS ABERTOS

① ______________________
② ______________________
③ ______________________

Controle de hábitos

	1	2	3	4	5	6	7	8	9	10	11	12	13	14	15	16	17	18	19	20	21	22	23	24	25	26	27	28	29	30

Finanças

GANHOS

total

GASTOS

total

total

TAREFAS

EXTRAS

total

TOTAL DE GASTOS

POUPANÇA (GANHOS - GASTOS)

Metas do mês

Fluxo de estudos

	0	1h	2h	3h	4h	5h	6h	7h	8h	9h	10h	+
1												
2												
3												
4												
5												
6												
7												
8												
9												
10												
11												
12												
13												
14												
15												
16												
17												
18												
19												
20												
21												
22												
23												
24												
25												
26												
27												
28												
29												
30												

SEG	TER	QUA	QUI	SEX	SÁB	DOM
31	1	2	3	4	5	6
7	8	9	10	11	12	13
14	15	16	17	**18**	19	**20**
21	**22**	**23**	**24**	**25**	26	27
28	29	30	1	2	3	4

◐04 CRES ●12 CHEIA ◑20 MING ○27 NOVA

18 Sexta-feira Santa
20 Páscoa
21 Tiradentes
22 a **25** Semana do Livro

sono

+
12
10
8
6
4
-
seg ter qua qui sex sab dom

TAREFAS

INFORMATIVO STF

☐ visto ☐ revisado

Obs: ____________________

____

SEG 31

QUA 02

EVENTOS

SAB 05

DOM 06

TER 01

QUI 03

SEX 04

humor

seg ter qua qui sex sab dom

Acompanhamento de Simulados

Para o que estou estudando?

Disciplina	Tema	Qtd.	Acertos	Aproveitamento	Evolução
				10 … 100	MELHOR / PIOR
				10 … 100	MELHOR / PIOR
				10 … 100	MELHOR / PIOR
				10 … 100	MELHOR / PIOR
				10 … 100	MELHOR / PIOR
				10 … 100	MELHOR / PIOR
				10 … 100	MELHOR / PIOR
				10 … 100	MELHOR / PIOR
				10 … 100	MELHOR / PIOR
				10 … 100	MELHOR / PIOR

MARÇO

31 Segunda

OBJETIVO DO DIA

AFIRME-SE

7

8

9

10

11

12

1

2

3

4

5

6

7

8

9

10

11

TEMPO DE ESTUDOS

expectativa *realidade*

○ *café da manhã* ○ *almoço* ○ *snacks* ○ *jantar*

TEM QUE SER FEITO SEM FALTA!!

1

2

3

ÁGUA

o que deu certo?

podia ser melhor se...

anotações

Se você acha que o meu orgulho é grande, é porque nunca viu o tamanho da minha fé! – Tião Carreiro
por **@queropossoconsigo**

ABRIL

01 Terça

OBJETIVO DO DIA

AFIRME-SE

7	
8	
9	
10	
11	
12	
1	
2	
3	
4	
5	
6	
7	
8	
9	
10	
11	

TEMPO DE ESTUDOS

expectativa ______ *realidade* ______

○ *café da manhã* ○ *almoço* ○ *snacks* ○ *jantar*

TEM QUE SER FEITO SEM FALTA!!

1. ______
2. ______
3. ______

ÁGUA

o que deu certo?

podia ser melhor se...

anotações

Hoje é outro dia. – Mário Quintana

por **@criminais**

ABRIL

02 Quarta

AFIRME-SE

7
8
9
10
11
12
1
2
3
4
5
6
7
8
9
10
11

OBJETIVO DO DIA

TEMPO DE ESTUDOS

expectativa | *realidade*

○ *café da manhã* ○ *almoço* ○ *snacks* ○ *jantar*

TEM QUE SER FEITO SEM FALTA!!

1.
2.
3.

ÁGUA

o que deu certo?

podia ser melhor se...

anotações

Uma vida extraordinária consiste em melhorias diárias e contínuas nas áreas que mais importam. – Robin Sharma
por **@concursandanostribunais**

ABRIL

03 Quinta

OBJETIVO DO DIA

AFIRME-SE

7
8
9
10
11
12
1
2
3
4
5
6
7
8
9
10
11

TEMPO DE ESTUDOS

expectativa

realidade

café da manhã · almoço · snacks · jantar

TEM QUE SER FEITO SEM FALTA!!

1
2
3

ÁGUA

o que deu certo?

podia ser melhor se...

anotações

O amor, a luz e o caminho estão em sua frente. Respire, inspire, transforme-se. – Terra dos Budas

por **@_study_mi**

ABRIL

04 Sexta

AFIRME-SE

7

8

9

10

11

12

1

2

3

4

5

6

7

8

9

10

11

OBJETIVO DO DIA

TEMPO DE ESTUDOS

expectativa realidade

café da manhã almoço snacks jantar

TEM QUE SER FEITO SEM FALTA!!

1
2
3

ÁGUA

o que deu certo?

podia ser melhor se...

anotações

Seja grato por quem você é hoje e continue lutando para ser a pessoa que quer ser amanhã. – Ariane Freitas e Jessica Grecco
por **@magistradaemformacao**

ABRIL

05 Sábado

OBJETIVO DO DIA

AFIRME-SE.

7

8

9

10

11

12

1

2

3

4

5

6

7

8

9

10

11

TEMPO DE ESTUDOS

expectativa

realidade

café da manhã — almoço — snacks — jantar

TEM QUE SER FEITO SEM FALTA!!

1.
2.
3.

ÁGUA

o que deu certo?

podia ser melhor se...

anotações

A motivação é o que faz o empreendedor começar e o hábito é o que nos faz continuar. – Jim Rynn

ABRIL

06 Domingo

OBJETIVO DO DIA

AFIRME-SE

7

8

9

10

11

12

1

2

3

4

5

6

7

8

9

10

11

TEMPO DE ESTUDOS

expectativa realidade

café da manhã almoço snacks jantar

TEM QUE SER FEITO SEM FALTA!!

1.
2.
3.

ÁGUA

o que deu certo?

podia ser melhor se...

anotações

Nosso maior medo não deve ser o fracasso, mas ser bem-sucedidos em algo que não importa. – Francis Chan

abr

SEG	TER	QUA	QUI	SEX	SÁB	DOM
31	1	2	3	4	5	6
7	8	9	10	11	12	13
14	15	16	17	**18**	19	**20**
21	**22**	**23**	**24**	**25**	26	27
28	29	30	1	2	3	4

◐04 CRES ●12 CHEIA ◑20 MING ○27 NOVA

18 Sexta-feira Santa
20 Páscoa
21 Tiradentes
22 a **25** Semana do Livro

sono

	seg	ter	qua	qui	sex	sab	dom
+	·	·	·	·	·	·	·
12	·	·	·	·	·	·	·
10	·	·	·	·	·	·	·
8	·	·	·	·	·	·	·
6	·	·	·	·	·	·	·
4	·	·	·	·	·	·	·
-	·	·	·	·	·	·	·

TAREFAS

INFORMATIVO STF

☐ visto ☐ revisado

Obs: ______________________

____

SEG 07

QUA 09

EVENTOS

SAB 12

DOM 13

TER 08

QUI 10

SEX 11

humor

	seg	ter	qua	qui	sex	sab	dom
😍	·	·	·	·	·	·	·
😀	·	·	·	·	·	·	·
🙂	·	·	·	·	·	·	·
😐	·	·	·	·	·	·	·
🙁	·	·	·	·	·	·	·
😢	·	·	·	·	·	·	·
😡	·	·	·	·	·	·	·

Acompanhamento de Simulados

Para o que estou estudando?

Disciplina	Tema	Qtd.	Acertos	Aproveitamento	Evolução
				10 … 100	MELHOR / PIOR
				10 … 100	MELHOR / PIOR
				10 … 100	MELHOR / PIOR
				10 … 100	MELHOR / PIOR
				10 … 100	MELHOR / PIOR
				10 … 100	MELHOR / PIOR
				10 … 100	MELHOR / PIOR
				10 … 100	MELHOR / PIOR
				10 … 100	MELHOR / PIOR
				10 … 100	MELHOR / PIOR

ABRIL

07 Segunda

OBJETIVO DO DIA

AFIRME-SE

7	
8	
9	
10	
11	
12	
1	
2	
3	
4	
5	
6	
7	
8	
9	
10	
11	

TEMPO DE ESTUDOS

expectativa ____ realidade ____

○ café da manhã ○ almoço ○ snacks ○ jantar

TEM QUE SER FEITO SEM FALTA!!

1. ____
2. ____
3. ____

ÁGUA

o que deu certo?

podia ser melhor se...

anotações

Se você não traçou um plano para você mesmo, é possível que você caia no plano de outra pessoa. E adivinha o que ele planejou para você? Não muito. – Jim Rohn

ABRIL

08 Terça

OBJETIVO DO DIA

AFIRME-SE

TEMPO DE ESTUDOS

expectativa realidade

café da manhã almoço snacks jantar

7

8

9

10

11

12

1

2

3

4

5

6

7

8

9

10

11

TEM QUE SER FEITO SEM FALTA!!

1

2

3

ÁGUA

o que deu certo?

podia ser melhor se...

anotações

Você deve lutar mais de uma batalha para se tornar um vencedor. – Margaret Thatcher

ABRIL

09 Quarta

OBJETIVO DO DIA

AFIRME-SE

7

8

9

10

11

12

1

2

3

4

5

6

7

8

9

10

11

TEMPO DE ESTUDOS

expectativa

realidade

café da manhã almoço snacks jantar

TEM QUE SER FEITO SEM FALTA!!

1

2

3

ÁGUA

o que deu certo?

podia ser melhor se...

anotações

Eu devo meu sucesso a meu hábito de respeitosamente ouvir conselhos e fazer exatamente o contrário. – G. K. Chesterton

ABRIL

10 Quinta

OBJETIVO DO DIA

AFIRME-SE

7

8

9

10

11

12

1

2

3

4

5

6

7

8

9

10

11

TEMPO DE ESTUDOS

expectativa realidade

◯ café da manhã ◯ almoço ◯ snacks ◯ jantar

TEM QUE SER FEITO SEM FALTA!!

1.
2.
3.

ÁGUA

o que deu certo?

podia ser melhor se...

anotações

Muitas das falhas da vida ocorrem quando não percebemos o quão próximos estávamos do sucesso na hora em que desistimos. – Thomas Edison

ABRIL

11 Sexta

OBJETIVO DO DIA

AFIRME-SE

7

8

9

10

11

12

1

2

3

4

5

6

7

8

9

10

11

TEMPO DE ESTUDOS

expectativa

realidade

café da manhã

almoço

snacks

jantar

TEM QUE SER FEITO SEM FALTA!!

1.
2.
3.

ÁGUA

o que deu certo?

podia ser melhor se...

anotações

Quanto maior o artista, maior a dúvida. Confiança grande demais é algo destinado aos menos talentosos como um prêmio de consolação. – Robert Hughes

ABRIL
12 Sábado

AFIRME-SE

7

8

9

10

11

12

1

2

3

4

5

6

7

8

9

10

11

OBJETIVO DO DIA

TEMPO DE ESTUDOS

expectativa realidade

café da manhã almoço snacks jantar

TEM QUE SER FEITO SEM FALTA!!

1
2
3

ÁGUA

o que deu certo?

podia ser melhor se...

anotações

Você pode ser desencorajado com os erros ou aprender com eles, então siga em frente e continue falhando. Erre o máximo que puder. É aí que você vai conseguir o sucesso. – Thomas J. Watson

ABRIL

13 Domingo

OBJETIVO DO DIA

AFIRME-SE

7

8

9

10

11

12

1

2

3

4

5

6

7

8

9

10

11

TEMPO DE ESTUDOS

expectativa realidade

café da manhã almoço snacks jantar

TEM QUE SER FEITO SEM FALTA!!

1

2

3

ÁGUA

o que deu certo?

podia ser melhor se...

anotações

Tenha em mente que o seu desejo em atingir o sucesso é mais importante que qualquer coisa. – Abraham Lincoln

abr

SEG 14

TER 15

QUA 16

QUI 17

SEG	TER	QUA	QUI	SEX	SÁB	DOM
31	1	2	3	4	5	6
7	8	9	10	11	12	13
14	15	16	17	**18**	19	**20**
21	**22**	**23**	**24**	**25**	26	27
28	29	30	1	2	3	4

◐04 CRES ●12 CHEIA ◑20 MING ○27 NOVA

18 Sexta-feira Santa
20 Páscoa
21 Tiradentes
22 a **25** Semana do Livro

EVENTOS

SEX 18

sono

+
12
10
8
6
4
-

seg ter qua qui sex sab dom

TAREFAS

SAB 19

DOM 20

humor

seg ter qua qui sex sab dom

INFORMATIVO STF

☐ visto ☐ revisado

Obs: ____________________

____

Acompanhamento de Simulados

Para o que estou estudando?

Disciplina	Tema	Qtd.	Acertos	Aproveitamento	Evolução
				10 … 100	MELHOR / PIOR
				10 … 100	MELHOR / PIOR
				10 … 100	MELHOR / PIOR
				10 … 100	MELHOR / PIOR
				10 … 100	MELHOR / PIOR
				10 … 100	MELHOR / PIOR
				10 … 100	MELHOR / PIOR
				10 … 100	MELHOR / PIOR
				10 … 100	MELHOR / PIOR
				10 … 100	MELHOR / PIOR

ABRIL

14 Segunda

AFIRME-SE

7

8

9

10

11

12

1

2

3

4

5

6

7

8

9

10

11

OBJETIVO DO DIA

TEMPO DE ESTUDOS

expectativa *realidade*

café da manhã *almoço* *snacks* *jantar*

TEM QUE SER FEITO SEM FALTA!!

1

2

3

ÁGUA

o que deu certo?

podia ser melhor se...

anotações

Fique contente em agir. Deixe a fala para os outros.
– Baltasar Gracián

ABRIL

15 Terça

OBJETIVO DO DIA

AFIRME-SE

TEMPO DE ESTUDOS

expectativa realidade

café da manhã almoço snacks jantar

7	
8	
9	
10	
11	
12	
1	
2	
3	
4	
5	
6	
7	
8	
9	
10	
11	

TEM QUE SER FEITO SEM FALTA!!

1
2
3

ÁGUA

o que deu certo?

podia ser melhor se...

anotações

Para conquistar o sucesso, você precisa aceitar todos os desafios que vierem na sua frente. Você não pode apenas aceitar os que você preferir. – Mike Gafka

ABRIL

16 Quarta

AFIRME-SE

7

8

9

10

11

12

1

2

3

4

5

6

7

8

9

10

11

OBJETIVO DO DIA

TEMPO DE ESTUDOS

expectativa realidade

○ café da manhã ○ almoço ○ snacks ○ jantar

TEM QUE SER FEITO SEM FALTA!!

1.
2.
3.

ÁGUA

o que deu certo?

podia ser melhor se...

anotações

O guerreiro de sucesso é um homem médio, mas com um foco apurado como um raio laser. – Bruce Lee

ABRIL

17 Quinta

OBJETIVO DO DIA

AFIRME-SE

7

8

9

10

11

12

1

2

3

4

5

6

7

8

9

10

11

TEMPO DE ESTUDOS

expectativa

realidade

café da manhã
almoço
snacks
jantar

TEM QUE SER FEITO SEM FALTA!!

1
2
3

ÁGUA

o que deu certo?

podia ser melhor se...

anotações

A lógica pode levar de um ponto A a um ponto B. A imaginação pode levar a qualquer lugar. – Albert Einstein

ABRIL

18 Sexta

AFIRME-SE

Sexta-feira Santa

7

8

9

10

11

12

1

2

3

4

5

6

7

8

9

10

11

OBJETIVO DO DIA

TEMPO DE ESTUDOS

expectativa realidade

café da manhã almoço snacks jantar

TEM QUE SER FEITO SEM FALTA!!

1

2

3

ÁGUA

o que deu certo?

podia ser melhor se...

anotações

Viva como se fosse morrer amanhã. Aprenda como se fosse viver para sempre. – Mahatma Gandhi

ABRIL

19 Sábado

OBJETIVO DO DIA

AFIRME-SE

7	
8	
9	
10	
11	
12	
1	
2	
3	
4	
5	
6	
7	
8	
9	
10	
11	

TEMPO DE ESTUDOS

expectativa *realidade*

○ *café da manhã* ○ *almoço* ○ *snacks* ○ *jantar*

TEM QUE SER FEITO SEM FALTA!!

1.
2.
3.

ÁGUA

o que deu certo?

podia ser melhor se...

anotações

Não há substituto para o trabalho duro. – Thomas Edison

ABRIL

20 Domingo

AFIRME-SE

Páscoa

7

8

9

10

11

12

1

2

3

4

5

6

7

8

9

10

11

OBJETIVO DO DIA

TEMPO DE ESTUDOS

expectativa realidade

○ café da manhã ○ almoço ○ snacks ○ jantar

TEM QUE SER FEITO SEM FALTA!!

1.
2.
3.

ÁGUA

o que deu certo?

podia ser melhor se...

anotações

Hoje um leitor, amanhã um líder. – Margaret Fuller

abr

SEG	TER	QUA	QUI	SEX	SÁB	DOM
31	1	2	3	4	5	6
7	8	9	10	11	12	13
14	15	16	17	**18**	19	**20**
21	**22**	**23**	**24**	**25**	26	27
28	29	30	1	2	3	4

◐04 CRES ●12 CHEIA ◑20 MING ○27 NOVA

18 Sexta-feira Santa
20 Páscoa
21 Tiradentes
22 a **25** Semana do Livro

sono

+
12
10
8
6
4
-

seg ter qua qui sex sab dom

TAREFAS

INFORMATIVO STF

☐ visto ☐ revisado

Obs: ______________________

____

SEG 21

TER 22

QUA 23

EVENTOS

QUI 24

SEX 25

SAB 26

DOM 27

humor

seg ter qua qui sex sab dom

Acompanhamento de Simulados

Para o que estou estudando?

___

Disciplina	Tema	Qtd.	Acertos	Aproveitamento	Evolução
				10 … 100	MELHOR / PIOR
				10 … 100	MELHOR / PIOR
				10 … 100	MELHOR / PIOR
				10 … 100	MELHOR / PIOR
				10 … 100	MELHOR / PIOR
				10 … 100	MELHOR / PIOR
				10 … 100	MELHOR / PIOR
				10 … 100	MELHOR / PIOR
				10 … 100	MELHOR / PIOR
				10 … 100	MELHOR / PIOR

ABRIL

21 Segunda

OBJETIVO DO DIA

AFIRME-SE

Tiradentes

7

8

9

10

11

12

1

2

3

4

5

6

7

8

9

10

11

TEMPO DE ESTUDOS

expectativa

realidade

café da manhã ○ almoço ○ snacks ○ jantar

TEM QUE SER FEITO SEM FALTA!!

1

2

3

ÁGUA

o que deu certo?

podia ser melhor se...

anotações

Tenha até pesadelos, se necessário for. Mas sonhe.
– Patrícia Galvão

ABRIL

22 Terça

AFIRME-SE

Semana do Livro

7

8

9

10

11

12

1

2

3

4

5

6

7

8

9

10

11

OBJETIVO DO DIA

TEMPO DE ESTUDOS

expectativa

realidade

café da manhã

almoço

snacks

jantar

TEM QUE SER FEITO SEM FALTA!!

1

2

3

ÁGUA

o que deu certo?

podia ser melhor se...

anotações

A melhor forma de prever o futuro é criá–lo – Abraham Lincoln

ABRIL

23 Quarta

AFIRME-SE

Semana do Livro

7

8

9

10

11

12

1

2

3

4

5

6

7

8

9

10

11

OBJETIVO DO DIA

TEMPO DE ESTUDOS

expectativa

realidade

café da manhã ◯ almoço ◯ snacks ◯ jantar ◯

TEM QUE SER FEITO SEM FALTA!!

1

2

3

ÁGUA

o que deu certo?

podia ser melhor se...

anotações

Não diga que não tem tempo suficiente. Você tem exatamente o mesmo número de horas que Pasteur, Michelangelo, Helen Keller, Madre Teresa, Leonardo da Vinci, Thomas Jefferson e Albert Einstein tiveram.
– H. Jackson Brown Jr.

ABRIL

24 Quinta

AFIRME-SE

Semana do Livro

7

8

9

10

11

12

1

2

3

4

5

6

7

8

9

10

11

OBJETIVO DO DIA

TEMPO DE ESTUDOS

expectativa realidade

café da manhã almoço snacks jantar

TEM QUE SER FEITO SEM FALTA!!

1

2

3

ÁGUA

o que deu certo?

podia ser melhor se...

anotações

As oportunidades não acontecem, você as cria. – Chris Grosser

ABRIL

25 Sexta

OBJETIVO DO DIA

AFIRME-SE

Semana do Livro

7

8

9

10

11

12

1

2

3

4

5

6

7

8

9

10

11

TEMPO DE ESTUDOS

expectativa

realidade

café da manhã ◯ almoço ◯ snacks ◯ jantar

TEM QUE SER FEITO SEM FALTA!!

1

2

3

ÁGUA

o que deu certo?

podia ser melhor se...

anotações

Odiei cada minuto de treino, mas disse: não se renda. Sofra agora e viva o resto da sua vida como um campeão.
– Mohammed Ali

ABRIL

26 Sábado

AFIRME-SE

7

8

9

10

11

12

1

2

3

4

5

6

7

8

9

10

11

OBJETIVO DO DIA

TEMPO DE ESTUDOS

expectativa realidade

café da manhã almoço snacks jantar

TEM QUE SER FEITO SEM FALTA!!

1
2
3

ÁGUA

o que deu certo?

podia ser melhor se...

anotações

Eu adoraria ser lembrada como uma pessoa que usou a sua vida para inspirar os outros em qualquer maneira.
– Viola Davis

ABRIL

27 Domingo

OBJETIVO DO DIA

AFIRME-SE

7

8

9

10

11

12

1

2

3

4

5

6

7

8

9

10

11

TEMPO DE ESTUDOS

expectativa realidade

café da manhã almoço snacks jantar

TEM QUE SER FEITO SEM FALTA!!

1
2
3

ÁGUA

o que deu certo?

podia ser melhor se...

anotações

Para ser grande, sê inteiro: nada teu exagera ou exclui. Sê todo em cada coisa. Põe quanto és no mínimo que fazes. Assim em cada lago a luta toda brilha, porque alta vive.
– Ricardo Reis (Fernando Pessoa)
por **@jurisconsultt**

anotações

Maio

SEG	TER	QUA	QUI	SEX	SÁB	DOM
28	29	30	**1**	2	3	4
5	6	7	8	9	10	**11**
12	13	14	15	16	17	18
19	20	21	22	23	24	25
26	27	28	29	30	31	1

◐04 CRES ●12 CHEIA ◑20 MING ○27 NOVA

01 Dia do Trabalho
11 Dia das Mães

mai

SEG	TER	QUA	QUI	SEX	SÁB	DOM
● trabalho ■ pessoal ★ estudos ▲ cursos ◎ viagem			1	2	3	4
5	6	7	8	9	10	11
12	13	14	15	16	17	18
19	20	21	22	23	24	25
26	27	28	29	30	31	

INFORMATIVOS STJ

___ / ___ / ___

☐ visto ☐ revisado

Obs: ______________________

___ / ___ / ___

☐ visto ☐ revisado

Obs: ______________________

ANIVERSÁRIOS

EDITAIS ABERTOS

① ______________________

② ______________________

③ ______________________

Controle de hábitos

	1	2	3	4	5	6	7	8	9	10	11	12	13	14	15	16	17	18	19	20	21	22	23	24	25	26	27	28	29	30	31

Finanças

GANHOS

total

GASTOS

total

total

EXTRAS

total

TAREFAS

ANIVERSÁRIOS

TOTAL DE GASTOS

POUPANÇA (GANHOS - GASTOS)

Metas do mês

Fluxo de estudos

	0	1h	2h	3h	4h	5h	6h	7h	8h	9h	10h	+
1												
2												
3												
4												
5												
6												
7												
8												
9												
10												
11												
12												
13												
14												
15												
16												
17												
18												
19												
20												
21												
22												
23												
24												
25												
26												
27												
28												
29												
30												
31												

mai

SEG	TER	QUA	QUI	SEX	SÁB	DOM
28	29	30	1	2	3	4
5	6	7	8	9	10	**11**
12	13	14	15	16	17	18
19	20	21	22	23	24	25
26	27	28	29	30	31	1

◐04 CRES ●12 CHEIA ◑20 MING ○27 NOVA

01 Dia do Trabalho
11 Dia das Mães

SEG 28

TER 29

QUA 30

QUI 01

SEX 02

TAREFAS

INFORMATIVO STF

☐ visto ☐ revisado

Obs: ____________________

____

humor

seg ter qua qui sex sab dom

EVENTOS

SAB 03

DOM 04

sono

+
12
10
8
6
4
-

seg ter qua qui sex sab dom

Acompanhamento de Simulados

Para o que estou estudando?

Disciplina	Tema	Qtd.	Acertos	Aproveitamento	Evolução
				10 … 100	MELHOR / PIOR
				10 … 100	MELHOR / PIOR
				10 … 100	MELHOR / PIOR
				10 … 100	MELHOR / PIOR
				10 … 100	MELHOR / PIOR
				10 … 100	MELHOR / PIOR
				10 … 100	MELHOR / PIOR
				10 … 100	MELHOR / PIOR
				10 … 100	MELHOR / PIOR
				10 … 100	MELHOR / PIOR

ABRIL

28 Segunda

AFIRME-SE

7
8
9
10
11
12
1
2
3
4
5
6
7
8
9
10
11

OBJETIVO DO DIA

TEMPO DE ESTUDOS

expectativa realidade

café da manhã · almoço · snacks · jantar

TEM QUE SER FEITO SEM FALTA!!

1
2
3

ÁGUA

o que deu certo?

podia ser melhor se...

anotações

Mais importante do que os materiais que você pode comprar para estudar para os concursos públicos é sua postura ativa nos estudos. A boa notícia é que todos temos a mesma capacidade de iniciativa dentro de nós.
por **@euvoupassei**

ABRIL
29 Terça

OBJETIVO DO DIA

AFIRME-SE

7

8

9

10

11

12

1

2

3

4

5

6

7

8

9

10

11

TEMPO DE ESTUDOS

expectativa

realidade

café da manhã · almoço · snacks · jantar

TEM QUE SER FEITO SEM FALTA!!

1

2

3

ÁGUA

o que deu certo?

podia ser melhor se...

anotações

Todos nós temos dias ruins, só não podemos desistir.
– Autor Anônimo
por **@concurseiroiniciantee**

ABRIL

30 Quarta

OBJETIVO DO DIA

AFIRME-SE

7

8

9

10

11

12

1

2

3

4

5

6

7

8

9

10

11

TEMPO DE ESTUDOS

expectativa realidade

café da manhã almoço snacks jantar

TEM QUE SER FEITO SEM FALTA!!

1

2

3

ÁGUA

o que deu certo?

podia ser melhor se...

anotações

Eu tinha muito do que reclamar, mas daí pensei comigo mesmo - se o barco está chacoalhando é porque está saindo do lugar. Só existe calmaria para quem se dá por vencido e desiste de remar. – Matheus Rocha
por **@_focanoconcurso**

MAIO

01 Quinta

AFIRME-SE

Dia do Trabalho

7

8

9

10

11

12

1

2

3

4

5

6

7

8

9

10

11

OBJETIVO DO DIA

TEMPO DE ESTUDOS

expectativa

realidade

café da manhã | almoço | snacks | jantar

TEM QUE SER FEITO SEM FALTA!!

1

2

3

ÁGUA

o que deu certo?

podia ser melhor se...

anotações

É impossível viver sem falhar em algo, a menos que você viva de forma tão cautelosa que pode não estar vivendo de verdade – nesse caso, você falha por omissão. – J.K. Rowling

por **@focojoy**

MAIO

02 Sexta

AFIRME-SE

7

8

9

10

11

12

1

2

3

4

5

6

7

8

9

10

11

OBJETIVO DO DIA

TEMPO DE ESTUDOS

expectativa realidade

café da manhã almoço snacks jantar

TEM QUE SER FEITO SEM FALTA!!

1

2

3

ÁGUA

o que deu certo?

podia ser melhor se...

anotações

Estude. Não só para ser aprovado, mas para desfrutar a riqueza de mudar vidas. Inclusive a sua. – Autor Anônimo por **@vouser.juiza**

MAIO

03 Sábado

OBJETIVO DO DIA

AFIRME-SE

7	
8	
9	
10	
11	
12	
1	
2	
3	
4	
5	
6	
7	
8	
9	
10	
11	

TEMPO DE ESTUDOS

expectativa

realidade

café da manhã ○ almoço ○ snacks ○ jantar

TEM QUE SER FEITO SEM FALTA!!

1.
2.
3.

ÁGUA

o que deu certo?

podia ser melhor se...

anotações

Comece de onde você está. Use o que você tiver. Faça o que puder. – Arthur Ashe
por **@corujinha_juridica**

MAIO

04 Domingo

AFIRME-SE

7

8

9

10

11

12

1

2

3

4

5

6

7

8

9

10

11

OBJETIVO DO DIA

TEMPO DE ESTUDOS

expectativa realidade

café da manhã almoço snacks jantar

TEM QUE SER FEITO SEM FALTA!!

1

2

3

ÁGUA

o que deu certo?

podia ser melhor se...

anotações

O que nos parece uma provação amarga pode ser uma bênção disfarçada. – Oscar Wilde
por **@coisasdeconcurseira**

mai

SEG	TER	QUA	QUI	SEX	SÁB	DOM
28	29	30	**1**	2	3	4
5	6	7	8	9	10	**11**
12	13	14	15	16	17	18
19	20	21	22	23	24	25
26	27	28	29	30	31	1

◐04 CRES ●12 CHEIA ◗20 MING ○27 NOVA

01 Dia do Trabalho
11 Dia das Mães

TAREFAS

INFORMATIVO STF

☐ visto ☐ revisado

Obs: ______________________

____

SAB 10

DOM 11

SEG 05

TER 06

QUA 07

QUI 08

SEX 09

humor

seg ter qua qui sex sab dom

sono

+
12
10
8
6
4
-

seg ter qua qui sex sab dom

EVENTOS

Acompanhamento de Simulados

Para o que estou estudando?

Disciplina	Tema	Qtd.	Acertos	Aproveitamento	Evolução
				10 100	MELHOR PIOR
				10 100	MELHOR PIOR
				10 100	MELHOR PIOR
				10 100	MELHOR PIOR
				10 100	MELHOR PIOR
				10 100	MELHOR PIOR
				10 100	MELHOR PIOR
				10 100	MELHOR PIOR
				10 100	MELHOR PIOR
				10 100	MELHOR PIOR

MAIO

05 Segunda

AFIRME-SE

7	
8	
9	
10	
11	
12	
1	
2	
3	
4	
5	
6	
7	
8	
9	
10	
11	

OBJETIVO DO DIA

TEMPO DE ESTUDOS

expectativa ______ *realidade* ______

◯ *café da manhã* ◯ *almoço* ◯ *snacks* ◯ *jantar*

TEM QUE SER FEITO SEM FALTA!!

1. ______
2. ______
3. ______

ÁGUA

o que deu certo?

podia ser melhor se...

anotações

É normal passar por turbulências quando se voa alto.
por **@juizadotrabalho**

MAIO

06 Terça

AFIRME-SE

7

8

9

10

11

12

1

2

3

4

5

6

7

8

9

10

11

OBJETIVO DO DIA

TEMPO DE ESTUDOS

expectativa realidade

café da manhã almoço snacks jantar

TEM QUE SER FEITO SEM FALTA!!

1

2

3

ÁGUA

o que deu certo?

podia ser melhor se...

anotações

Faça o teu melhor, na condição que você tem, enquanto você não tem condições melhores, para fazer melhor ainda! – Mario Sergio Cortella
por **@isadoramradv**

MAIO

07 Quarta

OBJETIVO DO DIA

AFIRME-SE

7

8

9

10

11

12

1

2

3

4

5

6

7

8

9

10

11

TEMPO DE ESTUDOS

expectativa realidade

café da manhã almoço snacks jantar

TEM QUE SER FEITO SEM FALTA!!

1

2

3

ÁGUA

o que deu certo?

podia ser melhor se...

anotações

Destino não é exterior a nós; somos nós que criamos nosso próprio destino dia após dia. – Henry Miller
por **@focodeconcurseira**

MAIO

08 Quinta

AFIRME-SE

7

8

9

10

11

12

1

2

3

4

5

6

7

8

9

10

11

OBJETIVO DO DIA

TEMPO DE ESTUDOS

expectativa

realidade

café da manhã

almoço

snacks

jantar

TEM QUE SER FEITO SEM FALTA!!

1

2

3

ÁGUA

o que deu certo?

podia ser melhor se...

anotações

Aja antes de falar e, portanto, fale de acordo com os seus atos. – Confúcio

MAIO
09 Sexta

OBJETIVO DO DIA

AFIRME-SE

7

8

9

10

11

12

1

2

3

4

5

6

7

8

9

10

11

TEMPO DE ESTUDOS

expectativa

realidade

café da manhã almoço snacks jantar

TEM QUE SER FEITO SEM FALTA!!

1

2

3

ÁGUA

o que deu certo?

podia ser melhor se...

anotações

Se você acredita que pode, ou se acredita que não pode, você está certo. – Henry Ford

por **@criminais**

MAIO

10 Sábado

AFIRME-SE

7

8

9

10

11

12

1

2

3

4

5

6

7

8

9

10

11

OBJETIVO DO DIA

TEMPO DE ESTUDOS

expectativa realidade

café da manhã ◯ almoço ◯ snacks ◯ jantar

TEM QUE SER FEITO SEM FALTA!!

1

2

3

ÁGUA

o que deu certo?

podia ser melhor se...

anotações

Não pense que precisa esperar a vida dos sonhos para cuidar da vida que tem. – Hal Elrod

por **@concursandanostribunais**

MAIO

11 Domingo

AFIRME-SE

Dia das Mães

7

8

9

10

11

12

1

2

3

4

5

6

7

8

9

10

11

OBJETIVO DO DIA

TEMPO DE ESTUDOS

expectativa

realidade

café da manhã   almoço   snacks   jantar

TEM QUE SER FEITO SEM FALTA!!

1

2

3

ÁGUA

o que deu certo?

podia ser melhor se...

anotações

Que nada nos limite, que nada nos defina, que nada nos sujeite. Que a liberdade seja nossa própria substância, já que viver é ser livre. – Simone de Beauvoir

por **@_study_mi**

mai

SEG	TER	QUA	QUI	SEX	SÁB	DOM
28	29	30	**1**	2	3	4
5	6	7	8	9	10	**11**
12	13	14	15	16	17	18
19	20	21	22	23	24	25
26	27	28	29	30	31	1

◐04 CRES ●12 CHEIA ◑20 MING ○27 NOVA

01 Dia do Trabalho
11 Dia das Mães

TAREFAS

INFORMATIVO STF

☐ visto ☐ revisado

Obs: ____________________

____

SAB 17

DOM 18

SEG 12

QUI 15

SEX 16

sono

+	12	10	8	6	4	-

seg ter qua qui sex sab dom

TER 13

QUA 14

humor

seg ter qua qui sex sab dom

EVENTOS

Acompanhamento de Simulados

Para o que estou estudando?

Disciplina	Tema	Qtd.	Acertos	Aproveitamento	Evolução
				10 … 100	MELHOR / PIOR
				10 … 100	MELHOR / PIOR
				10 … 100	MELHOR / PIOR
				10 … 100	MELHOR / PIOR
				10 … 100	MELHOR / PIOR
				10 … 100	MELHOR / PIOR
				10 … 100	MELHOR / PIOR
				10 … 100	MELHOR / PIOR
				10 … 100	MELHOR / PIOR
				10 … 100	MELHOR / PIOR

MAIO

12 Segunda

OBJETIVO DO DIA

AFIRME-SE

7

8

9

10

11

12

1

2

3

4

5

6

7

8

9

10

11

TEMPO DE ESTUDOS

expectativa

realidade

café da manhã almoço snacks jantar

TEM QUE SER FEITO SEM FALTA!!

1

2

3

ÁGUA

o que deu certo?

podia ser melhor se...

anotações

Manter a calma, respirar fundo, fazer o seu melhor e acreditar que vai dar certo. – Pedro Henrique (Um Cartão) por **@magistradaemformacao**

MAIO

13 Terça

OBJETIVO DO DIA

AFIRME-SE

7

8

9

10

11

12

1

2

3

4

5

6

7

8

9

10

11

TEMPO DE ESTUDOS

expectativa

realidade

café da manhã

almoço

snacks

jantar

TEM QUE SER FEITO SEM FALTA!!

1

2

3

ÁGUA

o que deu certo?

podia ser melhor se...

anotações

Se escuta uma voz dentro de si que diz "você não pode pintar" então, pinte, e a voz será silenciada. – Vincent Van Gogh

MAIO

14 Quarta

AFIRME-SE

7

8

9

10

11

12

1

2

3

4

5

6

7

8

9

10

11

OBJETIVO DO DIA

TEMPO DE ESTUDOS

expectativa realidade

◯ café da manhã ◯ almoço ◯ snacks ◯ jantar

TEM QUE SER FEITO SEM FALTA!!

1.
2.
3.

ÁGUA

o que deu certo?

podia ser melhor se...

anotações

Se você não persegue o que quer, nunca o terá. Se não vai adiante, sempre estará no mesmo lugar. – Nora Roberts

MAIO

15 Quinta

OBJETIVO DO DIA

AFIRME-SE

7

8

9

10

11

12

1

2

3

4

5

6

7

8

9

10

11

TEMPO DE ESTUDOS

expectativa realidade

café da manhã · almoço · snacks · jantar

TEM QUE SER FEITO SEM FALTA!!

1

2

3

ÁGUA

o que deu certo?

podia ser melhor se...

anotações

Cada acerto começa com a decisão de tentá-lo. – Gail Devers

MAIO
16 Sexta

AFIRME-SE

7

8

9

10

11

12

1

2

3

4

5

6

7

8

9

10

11

OBJETIVO DO DIA

TEMPO DE ESTUDOS

expectativa realidade

café da manhã almoço snacks jantar

TEM QUE SER FEITO SEM FALTA!!

1

2

3

ÁGUA

o que deu certo?

podia ser melhor se...

anotações

Não se preocupe com os fracassos, preocupe-se com as oportunidades que você perde quando nem sequer tenta.
– Jack Canfield

MAIO

17 Sábado

OBJETIVO DO DIA

AFIRME-SE

7	
8	
9	
10	
11	
12	
1	
2	
3	
4	
5	
6	
7	
8	
9	
10	
11	

TEMPO DE ESTUDOS

expectativa *realidade*

○ *café da manhã* ○ *almoço* ○ *snacks* ○ *jantar*

TEM QUE SER FEITO SEM FALTA!!

1.
2.
3.

ÁGUA

o que deu certo?

podia ser melhor se...

anotações

A viagem é a recompensa. – Provérbio Chinês

MAIO

18 Domingo

OBJETIVO DO DIA

AFIRME-SE

7

8

9

10

11

12

1

2

3

4

5

6

7

8

9

10

11

TEMPO DE ESTUDOS

expectativa realidade

café da manhã almoço snacks jantar

TEM QUE SER FEITO SEM FALTA!!

1.
2.
3.

ÁGUA

o que deu certo?

podia ser melhor se...

anotações

A aprendizagem não é um esporte para espectadores.
– D. Blocher

mai

SEG	TER	QUA	QUI	SEX	SÁB	DOM
28	29	30	**1**	2	3	4
5	6	7	8	9	10	**11**
12	13	14	15	16	17	18
19	20	21	22	23	24	25
26	27	28	29	30	31	1

◐04 CRES ●12 CHEIA ◑20 MING ○27 NOVA

01 Dia do Trabalho
11 Dia das Mães

TAREFAS

INFORMATIVO STF

☐ visto ☐ revisado

Obs: ____________________

____

SAB 24

DOM 25

SEG 19

QUI 22

SEX 23

sono

	seg	ter	qua	qui	sex	sab	dom
+	·	·	·	·	·	·	·
12	·	·	·	·	·	·	·
10	·	·	·	·	·	·	·
8	·	·	·	·	·	·	·
6	·	·	·	·	·	·	·
4	·	·	·	·	·	·	·
-	·	·	·	·	·	·	·

TER 20

QUA 21

humor

	seg	ter	qua	qui	sex	sab	dom
	·	·	·	·	·	·	·
	·	·	·	·	·	·	·
	·	·	·	·	·	·	·
	·	·	·	·	·	·	·
	·	·	·	·	·	·	·
	·	·	·	·	·	·	·
	·	·	·	·	·	·	·

EVENTOS

Acompanhamento de Simulados

Para o que estou estudando?

Disciplina	Tema	Qtd.	Acertos	Aproveitamento	Evolução
				10 … 100	MELHOR / PIOR
				10 … 100	MELHOR / PIOR
				10 … 100	MELHOR / PIOR
				10 … 100	MELHOR / PIOR
				10 … 100	MELHOR / PIOR
				10 … 100	MELHOR / PIOR
				10 … 100	MELHOR / PIOR
				10 … 100	MELHOR / PIOR
				10 … 100	MELHOR / PIOR
				10 … 100	MELHOR / PIOR

MAIO

19 Segunda

AFIRME-SE

7	
8	
9	
10	
11	
12	
1	
2	
3	
4	
5	
6	
7	
8	
9	
10	
11	

OBJETIVO DO DIA

TEMPO DE ESTUDOS

expectativa ______ realidade ______

○ café da manhã ○ almoço ○ snacks ○ jantar

TEM QUE SER FEITO SEM FALTA!!

1. ______
2. ______
3. ______

ÁGUA

o que deu certo?

podia ser melhor se...

anotações

As pessoas vencedoras e perdedoras não diferem muito quanto às suas habilidades. Diferem em sua vontade de alcançar seu potencial. – John Maxwell

MAIO
20 Terça

AFIRME-SE

7

8

9

10

11

12

1

2

3

4

5

6

7

8

9

10

11

OBJETIVO DO DIA

TEMPO DE ESTUDOS

expectativa realidade

café da manhã almoço snacks jantar

TEM QUE SER FEITO SEM FALTA!!

1

2

3

ÁGUA

o que deu certo?

podia ser melhor se...

anotações

Eu acredito que o maior privilégio de uma vida é verdadeiramente ser quem você é. – Viola Davis

MAIO

21 Quarta

OBJETIVO DO DIA

AFIRME-SE

7

8

9

10

11

12

1

2

3

4

5

6

7

8

9

10

11

TEMPO DE ESTUDOS

expectativa *realidade*

café da manhã *almoço* *snacks* *jantar*

TEM QUE SER FEITO SEM FALTA!!

1

2

3

ÁGUA

o que deu certo?

podia ser melhor se...

anotações

Suas aspirações são suas possibilidades. – Samuel Johnson

MAIO

22 Quinta

OBJETIVO DO DIA

AFIRME-SE

7

8

9

10

11

12

1

2

3

4

5

6

7

8

9

10

11

TEMPO DE ESTUDOS

expectativa realidade

café da manhã almoço snacks jantar

TEM QUE SER FEITO SEM FALTA!!

1

2

3

ÁGUA

o que deu certo?

podia ser melhor se...

anotações

O único que se interpõe entre você e seu sonho é a vontade de tentar e crer que é possível consegui-lo.
– Joel Brown

MAIO

23 Sexta

OBJETIVO DO DIA

AFIRME-SE

7

8

9

10

11

12

1

2

3

4

5

6

7

8

9

10

11

TEMPO DE ESTUDOS

expectativa *realidade*

○ *café da manhã* ○ *almoço* ○ *snacks* ○ *jantar*

TEM QUE SER FEITO SEM FALTA!!

1.
2.
3.

ÁGUA

o que deu certo?

podia ser melhor se...

anotações

Não julgue cada dia pelo que colhe, mas pelas sementes que planta. – Robert Louis Stevenson

MAIO

24 Sábado

OBJETIVO DO DIA

AFIRME-SE

7

8

9

10

11

12

1

2

3

4

5

6

7

8

9

10

11

TEMPO DE ESTUDOS

expectativa realidade

café da manhã almoço snacks jantar

TEM QUE SER FEITO SEM FALTA!!

1
2
3

ÁGUA

o que deu certo?

podia ser melhor se...

anotações

Aceite a responsabilidade em sua vida. Esteja consciente de que será você quem lhe levará aonde queira ir, ninguém mais. – Les Brown

MAIO

25 Domingo

OBJETIVO DO DIA

AFIRME-SE

7	
8	
9	
10	
11	
12	
1	
2	
3	
4	
5	
6	
7	
8	
9	
10	
11	

TEMPO DE ESTUDOS

expectativa *realidade*

○ café da manhã ○ almoço ○ snacks ○ jantar

TEM QUE SER FEITO SEM FALTA!!

1.
2.
3.

ÁGUA

o que deu certo?

podia ser melhor se...

anotações

Quando o mundo inteiro está em silêncio, até mesmo uma só voz se torna poderosa. – Malala Yousafzai

mai

SEG	TER	QUA	QUI	SEX	SÁB	DOM
28	29	30	**1**	2	3	4
5	6	7	8	9	10	**11**
12	13	14	15	16	17	18
19	20	21	22	23	24	25
26	27	28	29	30	31	1

◐04 CRES ●12 CHEIA ◑20 MING ○27 NOVA

01 Dia do Trabalho
11 Dia das Mães

TAREFAS

INFORMATIVO STF

☐ visto ☐ revisado

Obs: ____________________

____

SAB 31

DOM 01

SEG 26

QUI 29

SEX 30

sono

+	·	·	·	·	·	·	·
12	·	·	·	·	·	·	·
10	·	·	·	·	·	·	·
8	·	·	·	·	·	·	·
6	·	·	·	·	·	·	·
4	·	·	·	·	·	·	·
-	·	·	·	·	·	·	·
	seg	ter	qua	qui	sex	sab	dom

TER 2

QUA 28

humor

seg ter qua qui sex sab dom

EVENTOS

Acompanhamento de Simulados

Para o que estou estudando?

Disciplina	Tema	Qtd.	Acertos	Aproveitamento	Evolução
				10 … 100	MELHOR / PIOR
				10 … 100	MELHOR / PIOR
				10 … 100	MELHOR / PIOR
				10 … 100	MELHOR / PIOR
				10 … 100	MELHOR / PIOR
				10 … 100	MELHOR / PIOR
				10 … 100	MELHOR / PIOR
				10 … 100	MELHOR / PIOR
				10 … 100	MELHOR / PIOR
				10 … 100	MELHOR / PIOR

MAIO

26 Segunda

OBJETIVO DO DIA

AFIRME-SE

TEMPO DE ESTUDOS

expectativa realidade

café da manhã almoço snacks jantar

TEM QUE SER FEITO SEM FALTA!!

1

2

3

ÁGUA

7
8
9
10
11
12
1
2
3
4
5
6
7
8
9
10
11

o que deu certo?

podia ser melhor se...

anotações

Quando as expectativas aumentam inicia-se um ciclo interminável e contínuo de melhoria. – Steven Hronec

MAIO

27 Terça

OBJETIVO DO DIA

AFIRME-SE

7	
8	
9	
10	
11	
12	
1	
2	
3	
4	
5	
6	
7	
8	
9	
10	
11	

TEMPO DE ESTUDOS

expectativa ______ realidade ______

○ café da manhã ○ almoço ○ snacks ○ jantar

TEM QUE SER FEITO SEM FALTA!!

1. ______
2. ______
3. ______

ÁGUA

o que deu certo?

podia ser melhor se...

anotações

Os desafios tornam a vida interessante e superá-los a tornam significativa. – Joshua J. Marine

MAIO

28 Quarta

AFIRME-SE

7

8

9

10

11

12

1

2

3

4

5

6

7

8

9

10

11

OBJETIVO DO DIA

TEMPO DE ESTUDOS

expectativa

realidade

○ café da manhã ○ almoço ○ snacks ○ jantar

TEM QUE SER FEITO SEM FALTA!!

1.
2.
3.

ÁGUA

o que deu certo?

podia ser melhor se...

anotações

Pense e atue como se fosse impossível fracassar. – Charles F. Kettering

MAIO

29 Quinta

OBJETIVO DO DIA

AFIRME-SE

7

8

9

10

11

12

1

2

3

4

5

6

7

8

9

10

11

TEMPO DE ESTUDOS

expectativa *realidade*

○ *café da manhã* ○ *almoço* ○ *snacks* ○ *jantar*

TEM QUE SER FEITO SEM FALTA!!

1
2
3

ÁGUA

o que deu certo?

podia ser melhor se...

anotações

É impossível para um homem aprender o que crê já saber
– Epíteto

MAIO

30 Sexta

AFIRME-SE

7

8

9

10

11

12

1

2

3

4

5

6

7

8

9

10

11

OBJETIVO DO DIA

TEMPO DE ESTUDOS

expectativa realidade

café da manhã almoço snacks jantar

TEM QUE SER FEITO SEM FALTA!!

1

2

3

ÁGUA

o que deu certo?

podia ser melhor se...

anotações

O futuro pertence a aqueles que creem na beleza de seus sonhos. – Eleanor Roosevelt

MAIO

31 Sábado

OBJETIVO DO DIA

AFIRME-SE

TEMPO DE ESTUDOS

expectativa

realidade

café da manhã almoço snacks jantar

7	
8	
9	
10	
11	
12	
1	
2	
3	
4	
5	
6	
7	
8	
9	
10	
11	

TEM QUE SER FEITO SEM FALTA!!

1

2

3

ÁGUA

o que deu certo?

podia ser melhor se...

anotações

Ninguém nunca escreveu um plano para se arruinar, engordar ou fracassar. Essas coisas acontecem quando não se tem um plano. – Larry Winget

JUNHO

01 Domingo

AFIRME-SE

7	
8	
9	
10	
11	
12	
1	
2	
3	
4	
5	
6	
7	
8	
9	
10	
11	

OBJETIVO DO DIA

TEMPO DE ESTUDOS

expectativa realidade

café da manhã ◯ almoço ◯ snacks ◯ jantar ◯

TEM QUE SER FEITO SEM FALTA!!

1.
2.
3.

ÁGUA

o que deu certo?

podia ser melhor se...

anotações

Todos os sonhos estão dentro de alcance. Tudo que você tem de fazer é continuar se movendo em direção deles.
– Viola Davis

Junho

SEG	TER	QUA	QUI	SEX	SÁB	DOM
26	27	28	29	30	31	1
2	**3**	**4**	**5**	**6**	7	8
9	10	11	**12**	13	14	15
16	17	18	**19**	20	21	22
23	**24**	25	26	27	28	29
30	1	2	3	4	5	6

◐03 CRES ●11 CHEIA ◑18 MING ○25 NOVA

02 a **06** Aniversário Juspodivm
12 Dia dos Namorados
19 Corpus Christi
24 Dia de São João

jun

● trabalho ■ pessoal ★ estudos ▲ cursos ◎ viagem

SEG	TER	QUA	QUI	SEX	SÁB	DOM
						1
2	**3**	**4**	**5**	**6**	7	8
9	10	11	**12**	13	14	15
16	17	18	**19**	20	21	22
23	**24**	25	26	27	28	29
30						

INFORMATIVOS STJ

___ / ___ / ___

☐ visto ☐ revisado

Obs: ______________________

___ / ___ / ___

☐ visto ☐ revisado

Obs: ______________________

ANIVERSÁRIOS

EDITAIS ABERTOS

① ______________________

② ______________________

③ ______________________

Controle de hábitos

	1	2	3	4	5	6	7	8	9	10	11	12	13	14	15	16	17	18	19	20	21	22	23	24	25	26	27	28	29	30

Finanças

GANHOS

total

GASTOS

total

total

TAREFAS

EXTRAS

total

TOTAL DE GASTOS

POUPANÇA (GANHOS - GASTOS)

Metas do mês

Fluxo de estudos

	0	1h	2h	3h	4h	5h	6h	7h	8h	9h	10h	+
1												
2												
3												
4												
5												
6												
7												
8												
9												
10												
11												
12												
13												
14												
15												
16												
17												
18												
19												
20												
21												
22												
23												
24												
25												
26												
27												
28												
29												
30												

SEG	TER	QUA	QUI	SEX	SÁB	DOM
26	27	28	29	30	31	1
2	**3**	**4**	**5**	**6**	7	**8**
9	10	11	**12**	13	14	15
16	17	18	**19**	20	21	22
23	**24**	25	26	27	28	29
30	1	2	3	4	5	6

◐03 CRES ●11 CHEIA ◑18 MING ○25 NOVA

02 a **06** Aniversário Juspodivm
12 Dia dos Namorados
19 Corpus Christi **24** Dia de São João

TAREFAS

INFORMATIVO STF

☐ visto ☐ revisado

Obs: ______________________

____

SAB 07

DOM 08

SEG 02

TER 03

QUI 05

SEX 06

sono

+ 12 10 8 6 4 -

seg ter qua qui sex sab dom

QUA 04

EVENTOS

humor

seg ter qua qui sex sab dom

Acompanhamento de Simulados

Para o que estou estudando?

Disciplina	Tema	Qtd.	Acertos	Aproveitamento	Evolução
				10 … 100	MELHOR / PIOR
				10 … 100	MELHOR / PIOR
				10 … 100	MELHOR / PIOR
				10 … 100	MELHOR / PIOR
				10 … 100	MELHOR / PIOR
				10 … 100	MELHOR / PIOR
				10 … 100	MELHOR / PIOR
				10 … 100	MELHOR / PIOR
				10 … 100	MELHOR / PIOR
				10 … 100	MELHOR / PIOR

JUNHO

02 Segunda

OBJETIVO DO DIA

AFIRME-SE

Aniversário Juspodivm

7

8

9

10

11

12

1

2

3

4

5

6

7

8

9

10

11

TEMPO DE ESTUDOS

expectativa realidade

café da manhã almoço snacks jantar

TEM QUE SER FEITO SEM FALTA!!

1

2

3

ÁGUA

o que deu certo?

podia ser melhor se...

anotações

Quando uma porta se fecha, outra se abre; mas geralmente nos lamentamos tanto pela porta fechada que não vemos a que se abriu para nós. – Alexander Graham Bell

JUNHO

03 Terça

OBJETIVO DO DIA

AFIRME-SE

Aniversário Juspodivm

7

8

9

10

11

12

1

2

3

4

5

6

7

8

9

10

11

TEMPO DE ESTUDOS

expectativa

realidade

○ café da manhã ○ almoço ○ snacks ○ jantar

TEM QUE SER FEITO SEM FALTA!!

1

2

3

ÁGUA

o que deu certo?

podia ser melhor se...

anotações

A criatividade é a inteligência se divertindo. – Albert Einstein

JUNHO

04 Quarta

OBJETIVO DO DIA

AFIRME-SE

Aniversário Juspodivm

7

8

9

10

11

12

1

2

3

4

5

6

7

8

9

10

11

TEMPO DE ESTUDOS

expectativa *realidade*

○ *café da manhã* ○ *almoço* ○ *snacks* ○ *jantar*

TEM QUE SER FEITO SEM FALTA!!

1

2

3

ÁGUA

o que deu certo?

podia ser melhor se...

anotações

Perseverança é falhar 19 vezes e ter sucesso na vigésima.
– Julie Andrews

JUNHO

05 Quinta

OBJETIVO DO DIA

AFIRME-SE

Aniversário Juspodivm

7

8

9

10

11

12

1

2

3

4

5

6

7

8

9

10

11

TEMPO DE ESTUDOS

expectativa realidade

café da manhã almoço snacks jantar

TEM QUE SER FEITO SEM FALTA!!

1

2

3

ÁGUA

o que deu certo?

podia ser melhor se...

anotações

Não se esqueça quem você é, porque é certo que o mundo não se lembrará. Faça disso sua força. Assim, não poderá ser nunca a sua fraqueza. Arme-se com esta lembrança, e ela nunca poderá ser usada para magoá-lo. – George. R. R Martin

por **@jurisconsultt**

JUNHO

06 Sexta

AFIRME-SE

Aniversário Juspodivm

7

8

9

10

11

12

1

2

3

4

5

6

7

8

9

10

11

OBJETIVO DO DIA

TEMPO DE ESTUDOS

expectativa realidade

café da manhã almoço snacks jantar

TEM QUE SER FEITO SEM FALTA!!

1

2

3

ÁGUA

o que deu certo?

podia ser melhor se...

anotações

Se você estuda para alcançar seu propósito de vida nada mais deve importar: a pressão psicológica de terceiros, comparações, as condições em que você estuda. A única coisa que vai te sustentar nos dias difíceis de estudo já está em você.

por **@euvoupassei**

JUNHO

07 Sábado

OBJETIVO DO DIA

AFIRME-SE

7

8

9

10

11

12

1

2

3

4

5

6

7

8

9

10

11

TEMPO DE ESTUDOS

expectativa *realidade*

café da manhã · almoço · snacks · jantar

TEM QUE SER FEITO SEM FALTA!!

1.
2.
3.

ÁGUA

o que deu certo?

podia ser melhor se...

anotações

Aquele que não luta pelo que futuro que quer, deve aceitar o futuro que vier. – Autor Anônimo
por **@concurseiroiniciantee**

JUNHO

08 Domingo

AFIRME-SE

7

8

9

10

11

12

1

2

3

4

5

6

7

8

9

10

11

OBJETIVO DO DIA

TEMPO DE ESTUDOS

expectativa *realidade*

○ *café da manhã* ○ *almoço* ○ *snacks* ○ *jantar*

TEM QUE SER FEITO SEM FALTA!!

1

2

3

ÁGUA

o que deu certo?

podia ser melhor se...

anotações

Comece fazendo o que é necessário, depois o que é possível, e de repente você estará fazendo o impossível.
– Autor Anônimo
por **@_focanoconcurso**

jun

SEG	TER	QUA	QUI	SEX	SÁB	DOM
26	27	28	29	30	31	1
2	**3**	**4**	**5**	**6**	7	8
9	10	11	**12**	13	14	15
16	17	18	**19**	20	21	22
23	**24**	25	26	27	28	29
30	1	2	3	4	5	6

◐03 CRES ●11 CHEIA ◗18 MING ○25 NOVA

02 a **06** Aniversário Juspodivm
12 Dia dos Namorados
19 Corpus Christi **24** Dia de São João

SEG 09

sono

	seg	ter	qua	qui	sex	sab	dom
+							
12							
10							
8							
6							
4							
-							

TER 10

QUA 11

QUI 12

EVENTOS

TAREFAS

INFORMATIVO STF

☐ visto ☐ revisado

Obs: ____________________

____

SEX 13

SAB 14

DOM 15

humor

	seg	ter	qua	qui	sex	sab	dom

Acompanhamento de Simulados

Para o que estou estudando?

Disciplina	Tema	Qtd.	Acertos	Aproveitamento	Evolução
				10 … 100	MELHOR / PIOR
				10 … 100	MELHOR / PIOR
				10 … 100	MELHOR / PIOR
				10 … 100	MELHOR / PIOR
				10 … 100	MELHOR / PIOR
				10 … 100	MELHOR / PIOR
				10 … 100	MELHOR / PIOR
				10 … 100	MELHOR / PIOR
				10 … 100	MELHOR / PIOR
				10 … 100	MELHOR / PIOR

JUNHO

09 Segunda

OBJETIVO DO DIA

AFIRME-SE

7
8
9
10
11
12
1
2
3
4
5
6
7
8
9
10
11

TEMPO DE ESTUDOS

expectativa

realidade

café da manhã almoço snacks jantar

TEM QUE SER FEITO SEM FALTA!!

1

2

3

ÁGUA

o que deu certo?

podia ser melhor se...

anotações

A vida não é sobre metas, conquistas e linhas de chegada. É sobre quem você se torna nessa caminhada. – Autor Anônimo por **@focojoy**

JUNHO

10 Terça

AFIRME-SE

7

8

9

10

11

12

1

2

3

4

5

6

7

8

9

10

11

OBJETIVO DO DIA

TEMPO DE ESTUDOS

expectativa realidade

○ café da manhã ○ almoço ○ snacks ○ jantar

TEM QUE SER FEITO SEM FALTA!!

1.
2.
3.

ÁGUA

o que deu certo?

podia ser melhor se...

anotações

Lembre-se sempre de que, onde você está, é resultado de quem você era, mas para onde vai, depende inteiramente de quem você escolher ser a partir deste momento. – Hal Elrod
por **@concurseiralavoueu**

JUNHO

11 Quarta

AFIRME-SE

7

8

9

10

11

12

1

2

3

4

5

6

7

8

9

10

11

OBJETIVO DO DIA

TEMPO DE ESTUDOS

expectativa

realidade

café da manhã

almoço

snacks

jantar

TEM QUE SER FEITO SEM FALTA!!

1

2

3

ÁGUA

o que deu certo?

podia ser melhor se...

anotações

Sacrifique alguns sábados em prol de décadas de liberdade. – Autor Anônimo

por **@vouser.juiza**

JUNHO

12 Quinta

AFIRME-SE

Dia dos Namorados

7

8

9

10

11

12

1

2

3

4

5

6

7

8

9

10

11

OBJETIVO DO DIA

TEMPO DE ESTUDOS

expectativa realidade

café da manhã almoço snacks jantar

TEM QUE SER FEITO SEM FALTA!!

1

2

3

ÁGUA

o que deu certo?

podia ser melhor se...

anotações

Escolha uma ideia. Faça dessa ideia a sua vida. Pense nela, sonhe com ela, viva pensando nela. Esse é o caminho para o sucesso. – Swami Vivekananda
por **@corujinha_juridica**

JUNHO

13 Sexta

OBJETIVO DO DIA

TEMPO DE ESTUDOS

expectativa realidade

AFIRME-SE

café da manhã almoço snacks jantar

TEM QUE SER FEITO SEM FALTA!!

1
2
3

7
8
9
10
11
12
1
2
3
4
5
6
7
8
9
10
11

ÁGUA

o que deu certo?

podia ser melhor se...

anotações

Descobri que, quanto mais eu trabalho, mais sorte eu pareço ter. – Thomas Jefferson

por **@coisasdeconcurseira**

JUNHO

14 Sábado

AFIRME-SE

7

8

9

10

11

12

1

2

3

4

5

6

7

8

9

10

11

OBJETIVO DO DIA

TEMPO DE ESTUDOS

expectativa

realidade

café da manhã almoço snacks jantar

TEM QUE SER FEITO SEM FALTA!!

1

2

3

ÁGUA

o que deu certo?

podia ser melhor se...

anotações

Quanto você é pago por mês para desistir dos seus sonhos?
por **@juizadotrabalho**

JUNHO

15 Domingo

OBJETIVO DO DIA

AFIRME-SE

7

8

9

10

11

12

1

2

3

4

5

6

7

8

9

10

11

TEMPO DE ESTUDOS

expectativa realidade

café da manhã almoço snacks jantar

TEM QUE SER FEITO SEM FALTA!!

1

2

3

ÁGUA

o que deu certo?

podia ser melhor se...

anotações

A paz vem de dentro de você mesmo. Não a procure à sua volta. – Buda

por **@isadoramradv**

SEG	TER	QUA	QUI	SEX	SÁB	DOM
26	27	28	29	30	31	1
2	**3**	**4**	**5**	**6**	7	8
9	10	11	**12**	13	14	15
16	17	18	**19**	20	21	22
23	**24**	25	26	27	28	29
30	1	2	3	4	5	6

◐03 CRES ●11 CHEIA ◗18 MING ○25 NOVA

02 a **06** Aniversário Juspodivm
12 Dia dos Namorados
19 Corpus Christi **24** Dia de São João

SEG 16

sono

\+
12
10
8
6
4
\-
seg ter qua qui sex sab dom

TER 17

QUA 18

QUI 19

EVENTOS

TAREFAS

INFORMATIVO STF

☐ visto ☐ revisado

Obs: ______________________

____

SEX 20

SAB 21

DOM 22

humor

seg ter qua qui sex sab dom

Acompanhamento de Simulados

Para o que estou estudando?

____

Disciplina	Tema	Qtd.	Acertos	Aproveitamento	Evolução
				10 – 100	MELHOR / PIOR
				10 – 100	MELHOR / PIOR
				10 – 100	MELHOR / PIOR
				10 – 100	MELHOR / PIOR
				10 – 100	MELHOR / PIOR
				10 – 100	MELHOR / PIOR
				10 – 100	MELHOR / PIOR
				10 – 100	MELHOR / PIOR
				10 – 100	MELHOR / PIOR
				10 – 100	MELHOR / PIOR

JUNHO

16 Segunda

OBJETIVO DO DIA

AFIRME-SE

7

8

9

10

11

12

1

2

3

4

5

6

7

8

9

10

11

TEMPO DE ESTUDOS

expectativa realidade

café da manhã almoço snacks jantar

TEM QUE SER FEITO SEM FALTA!!

1

2

3

ÁGUA

o que deu certo?

podia ser melhor se...

anotações

É capaz quem pensa que é capaz. – Buda

por **@focodeconcurseira**

JUNHO

17 Terça

OBJETIVO DO DIA

AFIRME-SE

7

8

9

10

11

12

1

2

3

4

5

6

7

8

9

10

11

TEMPO DE ESTUDOS

expectativa realidade

café da manhã almoço snacks jantar

TEM QUE SER FEITO SEM FALTA!!

1

2

3

ÁGUA

o que deu certo?

podia ser melhor se...

anotações

A verdade é que você não vai conseguir seguir em frente se não tirar os olhos do retrovisor. Mire para frente, e siga em frente! – Jean Rosana
por **@queropossoconsigo**

JUNHO

18 Quarta

OBJETIVO DO DIA

AFIRME-SE

7

8

9

10

11

12

1

2

3

4

5

6

7

8

9

10

11

TEMPO DE ESTUDOS

expectativa realidade

café da manhã almoço snacks jantar

TEM QUE SER FEITO SEM FALTA!!

1

2

3

ÁGUA

o que deu certo?

podia ser melhor se...

anotações

O maior obstáculo ao progresso não é a ignorância e sim a ilusão do conhecimento. – Daniel Boorstin
por **@criminais**

JUNHO

19 Quinta

OBJETIVO DO DIA

AFIRME-SE

Corpus Christi

7

8

9

10

11

12

1

2

3

4

5

6

7

8

9

10

11

TEMPO DE ESTUDOS

expectativa realidade

café da manhã almoço snacks jantar

TEM QUE SER FEITO SEM FALTA!!

1

2

3

ÁGUA

o que deu certo?

podia ser melhor se...

anotações

Seja grato por tudo o que tem, aceite tudo o que não tem, e crie ativamente tudo que deseja. – Hal Elrod

por **@concursandanostribunais**

JUNHO

20 Sexta

AFIRME-SE

7

8

9

10

11

12

1

2

3

4

5

6

7

8

9

10

11

OBJETIVO DO DIA

TEMPO DE ESTUDOS

expectativa realidade

café da manhã almoço snacks jantar

TEM QUE SER FEITO SEM FALTA!!

1.
2.
3.

ÁGUA

o que deu certo?

podia ser melhor se...

anotações

Um dia, quando olhar para trás, os anos de luta lhe parecerão os mais bonitos. – Sigmund Freud
por **@_study_mi**

JUNHO

21 Sábado

OBJETIVO DO DIA

AFIRME-SE

7

8

9

10

11

12

1

2

3

4

5

6

7

8

9

10

11

TEMPO DE ESTUDOS

expectativa

realidade

café da manhã   almoço   snacks   jantar

TEM QUE SER FEITO SEM FALTA!!

1

2

3

ÁGUA

o que deu certo?

podia ser melhor se...

anotações

Siga em frente corajosamente, porque a vitória sorri somente àqueles que não param no meio da estrada.
– Carlos Torres Pastorino
por **@magistradaemformacao**

JUNHO

22 Domingo

OBJETIVO DO DIA

AFIRME-SE

7

8

9

10

11

12

1

2

3

4

5

6

7

8

9

10

11

TEMPO DE ESTUDOS

expectativa realidade

◯ café da manhã ◯ almoço ◯ snacks ◯ jantar

TEM QUE SER FEITO SEM FALTA!!

1.
2.
3.

ÁGUA

o que deu certo?

podia ser melhor se...

anotações

A educação é a única solução. – Malala Yousafzai

jun

SEG	TER	QUA	QUI	SEX	SÁB	DOM
26	27	28	29	30	31	1
2	**3**	**4**	**5**	**6**	7	8
9	10	11	**12**	13	14	15
16	17	18	**19**	20	21	22
23	**24**	25	26	27	28	29
30	1	2	3	4	5	6

◐03 CRES ●11 CHEIA ◑18 MING ○25 NOVA

02 a **06** Aniversário Juspodivm
12 Dia dos Namorados
19 Corpus Christi **24** Dia de São João

TAREFAS

INFORMATIVO STF

☐ visto ☐ revisado

Obs: ____________________

____

SAB 28

DOM 29

SEG 23

TER 24

QUI 26

SEX 27

sono

+
12
10
8
6
4
-

seg ter qua qui sex sab dom

QUA 25

EVENTOS

humor

seg ter qua qui sex sab dom

Acompanhamento de Simulados

Para o que estou estudando?

Disciplina	Tema	Qtd.	Acertos	Aproveitamento	Evolução
				10 … 100	MELHOR / PIOR
				10 … 100	MELHOR / PIOR
				10 … 100	MELHOR / PIOR
				10 … 100	MELHOR / PIOR
				10 … 100	MELHOR / PIOR
				10 … 100	MELHOR / PIOR
				10 … 100	MELHOR / PIOR
				10 … 100	MELHOR / PIOR
				10 … 100	MELHOR / PIOR
				10 … 100	MELHOR / PIOR

JUNHO

23 Segunda

OBJETIVO DO DIA

AFIRME-SE

TEMPO DE ESTUDOS

expectativa

realidade

café da manhã almoço snacks jantar

7
8
9
10
11
12
1
2
3
4
5
6
7
8
9
10
11

TEM QUE SER FEITO SEM FALTA!!

1
2
3

ÁGUA

o que deu certo?

podia ser melhor se...

anotações

Há muito, muito mais coisas adiante do que as que deixamos atrás. – C.S. Lewis

JUNHO

24 Terça

OBJETIVO DO DIA

AFIRME-SE

Dia de São João

7

8

9

10

11

12

1

2

3

4

5

6

7

8

9

10

11

TEMPO DE ESTUDOS

expectativa

realidade

café da manhã

almoço

snacks

jantar

TEM QUE SER FEITO SEM FALTA!!

1

2

3

ÁGUA

o que deu certo?

podia ser melhor se...

anotações

É mais sábio averiguar que supor. – Mark Twain

JUNHO

25 Quarta

OBJETIVO DO DIA

AFIRME-SE

7

8

9

10

11

12

1

2

3

4

5

6

7

8

9

10

11

TEMPO DE ESTUDOS

expectativa *realidade*

○ *café da manhã* ○ *almoço* ○ *snacks* ○ *jantar*

TEM QUE SER FEITO SEM FALTA!!

1.
2.
3.

ÁGUA

o que deu certo?

podia ser melhor se...

anotações

A forma mais segura de não fracassar é se determinar a ter sucesso. – Richard Brinsley Sheridan

JUNHO

26 Quinta

OBJETIVO DO DIA

TEMPO DE ESTUDOS

expectativa realidade

café da manhã almoço snacks jantar

AFIRME-SE

7

8

9

10

11

12

1

2

3

4

5

6

7

8

9

10

11

TEM QUE SER FEITO SEM FALTA!!

1

2

3

ÁGUA

o que deu certo?

podia ser melhor se...

anotações

Suas crenças são os mapas de estrada que lhe guiam e lhe mostram o que é possível na sua vida. – Les Brown

JUNHO

27 Sexta

OBJETIVO DO DIA

AFIRME-SE

7

8

9

10

11

12

1

2

3

4

5

6

7

8

9

10

11

TEMPO DE ESTUDOS

expectativa realidade

○ café da manhã ○ almoço ○ snacks ○ jantar

TEM QUE SER FEITO SEM FALTA!!

1.
2.
3.

ÁGUA

o que deu certo?

podia ser melhor se...

anotações

A arte de ser sábio é a arte de saber o que deixar passar por alto. – William James

JUNHO

28 Sábado

OBJETIVO DO DIA

AFIRME-SE

7

8

9

10

11

12

1

2

3

4

5

6

7

8

9

10

11

TEMPO DE ESTUDOS

expectativa | realidade

○ café da manhã ○ almoço ○ snacks ○ jantar

TEM QUE SER FEITO SEM FALTA!!

1

2

3

ÁGUA

o que deu certo?

podia ser melhor se...

anotações

Nunca se é demasiado velho para ter uma nova meta ou para ter um novo sonho. – C.S. Lewis

JUNHO

29 Domingo

OBJETIVO DO DIA

AFIRME-SE

TEMPO DE ESTUDOS

expectativa realidade

café da manhã almoço snacks jantar

TEM QUE SER FEITO SEM FALTA!!

1
2
3

ÁGUA

7
8
9
10
11
12
1
2
3
4
5
6
7
8
9
10
11

o que deu certo?

podia ser melhor se...

anotações

O final feliz vem depois que você fez o seu trabalho.
– Viola Davis

anotações

Julho

SEG	TER	QUA	QUI	SEX	SÁB	DOM
30	1	2	3	4	5	6
7	8	9	10	11	12	13
14	15	16	17	18	19	20
21	22	23	24	25	26	27
28	29	30	31	1	2	3

◐02 CRES ●10 CHEIA ◑17 MING ○24 NOVA

jul

SEG	TER	QUA	QUI	SEX	SÁB	DOM
	1	2	3	4	5	6
7	8	9	10	11	12	13
14	15	16	17	18	19	20
21	22	23	24	25	26	27
28	29	30	31			

● trabalho ★ estudos ◎ viagem
■ pessoal ▲ cursos

INFORMATIVOS STJ

___ / ___ / ____
☐ visto ☐ revisado
Obs: ________________________

___ / ___ / ____
☐ visto ☐ revisado
Obs: ________________________

ANIVERSÁRIOS

EDITAIS ABERTOS

① ________________________

② ________________________

③ ________________________

Controle de hábitos

	1	2	3	4	5	6	7	8	9	10	11	12	13	14	15	16	17	18	19	20	21	22	23	24	25	26	27	28	29	30	31

Finanças

GANHOS

total

GASTOS

total

total

EXTRAS

total

TAREFAS

TOTAL DE GASTOS

POUPANÇA (GANHOS - GASTOS)

Metas do mês

Fluxo de estudos

	0	1h	2h	3h	4h	5h	6h	7h	8h	9h	10h	+
1												
2												
3												
4												
5												
6												
7												
8												
9												
10												
11												
12												
13												
14												
15												
16												
17												
18												
19												
20												
21												
22												
23												
24												
25												
26												
27												
28												
29												
30												
31												

SEG	TER	QUA	QUI	SEX	SÁB	DOM
30	1	2	3	4	5	6
7	8	9	10	11	12	13
14	15	16	17	18	19	20
21	22	23	24	25	26	27
28	29	30	31	1	2	3

◐02 CRES ●10 CHEIA ◑17 MING ○24 NOVA

SEG 30

TER 01

QUA 02

QUI 03

EVENTOS

SEX 04

SAB 05

DOM 06

TAREFAS

INFORMATIVO STF

☐ visto ☐ revisado

Obs: ______________________

____

sono

+
12
10
8
6
4
-

seg ter qua qui sex sab dom

humor

seg ter qua qui sex sab dom

Acompanhamento de Simulados

Para o que estou estudando?

Disciplina	Tema	Qtd.	Acertos	Aproveitamento	Evolução
				10 – 100	MELHOR / PIOR
				10 – 100	MELHOR / PIOR
				10 – 100	MELHOR / PIOR
				10 – 100	MELHOR / PIOR
				10 – 100	MELHOR / PIOR
				10 – 100	MELHOR / PIOR
				10 – 100	MELHOR / PIOR
				10 – 100	MELHOR / PIOR
				10 – 100	MELHOR / PIOR
				10 – 100	MELHOR / PIOR

JUNHO

30 Segunda

AFIRME-SE

7

8

9

10

11

12

1

2

3

4

5

6

7

8

9

10

11

OBJETIVO DO DIA

TEMPO DE ESTUDOS

expectativa realidade

café da manhã almoço snacks jantar

TEM QUE SER FEITO SEM FALTA!!

1

2

3

ÁGUA

o que deu certo?

podia ser melhor se...

anotações

A autoridade dos que ensinam é geralmente um obstáculo para aqueles que querem aprender. – Marco Tulio Cicerón

JULHO

01 Terça

OBJETIVO DO DIA

AFIRME-SE

7

8

9

10

11

12

1

2

3

4

5

6

7

8

9

10

11

TEMPO DE ESTUDOS

expectativa

realidade

café da manhã ◯ almoço ◯ snacks ◯ jantar ◯

TEM QUE SER FEITO SEM FALTA!!

1.
2.
3.

ÁGUA

o que deu certo?

podia ser melhor se...

anotações

A tinta do sábio é mais sagrada que o sangue dos mártires. – Maomé

JULHO

02 Quarta

AFIRME-SE

7

8

9

10

11

12

1

2

3

4

5

6

7

8

9

10

11

OBJETIVO DO DIA

TEMPO DE ESTUDOS

expectativa

realidade

café da manhã ○ almoço ○ snacks ○ jantar

TEM QUE SER FEITO SEM FALTA!!

1.
2.
3.

ÁGUA

o que deu certo?

podia ser melhor se...

anotações

Fracassar é parte crucial do sucesso. Toda vez que você fracassa e se recupera, exercita perseverança que é a chave da vida. Sua força está na habilidade de se recompor.
– Michelle Obama

JULHO

03 Quinta

OBJETIVO DO DIA

AFIRME-SE

TEMPO DE ESTUDOS

expectativa

realidade

café da manhã
almoço
snacks
jantar

TEM QUE SER FEITO SEM FALTA!!

1
2
3

ÁGUA

7
8
9
10
11
12
1
2
3
4
5
6
7
8
9
10
11

o que deu certo?

podia ser melhor se...

anotações

Aprenda a falar falando, a estudar estudando, a correr correndo, a trabalhar trabalhando. – Anatole France

JULHO

04 Sexta

AFIRME-SE

7

8

9

10

11

12

1

2

3

4

5

6

7

8

9

10

11

OBJETIVO DO DIA

TEMPO DE ESTUDOS

expectativa

realidade

café da manhã · almoço · snacks · jantar

TEM QUE SER FEITO SEM FALTA!!

1.
2.
3.

ÁGUA

o que deu certo?

podia ser melhor se...

anotações

Não se permita confinar seus estudos às aulas. O universo e toda sua história é sua aula. – Stella Adler

JULHO

05 Sábado

OBJETIVO DO DIA

AFIRME-SE

7	
8	
9	
10	
11	
12	
1	
2	
3	
4	
5	
6	
7	
8	
9	
10	
11	

TEMPO DE ESTUDOS

expectativa realidade

○ café da manhã ○ almoço ○ snacks ○ jantar

TEM QUE SER FEITO SEM FALTA!!

1.
2.
3.

ÁGUA

o que deu certo?

podia ser melhor se...

anotações

Um bom cientista conhece as respostas corretas. Um grande estudante conhece as perguntas certas. – Autor Anônimo

JULHO

06 Domingo

OBJETIVO DO DIA

AFIRME-SE

7

8

9

10

11

12

1

2

3

4

5

6

7

8

9

10

11

TEMPO DE ESTUDOS

expectativa

realidade

café da manhã ◯ almoço ◯ snacks ◯ jantar

TEM QUE SER FEITO SEM FALTA!!

1

2

3

ÁGUA

o que deu certo?

podia ser melhor se...

anotações

A ordem e a simplificação são os primeiros passos rumo ao domínio de um tema. – Thomas Mann

SEG	TER	QUA	QUI	SEX	SÁB	DOM
30	1	2	3	4	5	6
7	8	9	10	11	12	13
14	15	16	17	18	19	20
21	22	23	24	25	26	27
28	29	30	31	1	2	3

◐02 CRES ●10 CHEIA ◗17 MING ○24 NOVA

SEG 07

TER 08

QUA 09

QUI 10

TAREFAS

EVENTOS

SEX 11

INFORMATIVO STF

☐ visto ☐ revisado

Obs: ______________________

____

SAB 12

DOM 13

sono

+
12
10
8
6
4
-

seg ter qua qui sex sab dom

humor

seg ter qua qui sex sab dom

Acompanhamento de Simulados

Para o que estou estudando?

Disciplina	Tema	Qtd.	Acertos	Aproveitamento	Evolução
				10 ... 100	MELHOR / PIOR
				10 ... 100	MELHOR / PIOR
				10 ... 100	MELHOR / PIOR
				10 ... 100	MELHOR / PIOR
				10 ... 100	MELHOR / PIOR
				10 ... 100	MELHOR / PIOR
				10 ... 100	MELHOR / PIOR
				10 ... 100	MELHOR / PIOR
				10 ... 100	MELHOR / PIOR
				10 ... 100	MELHOR / PIOR

JULHO

07 Segunda

AFIRME-SE

7

8

9

10

11

12

1

2

3

4

5

6

7

8

9

10

11

OBJETIVO DO DIA

TEMPO DE ESTUDOS

expectativa realidade

café da manhã almoço snacks jantar

TEM QUE SER FEITO SEM FALTA!!

1
2
3

ÁGUA

o que deu certo?

podia ser melhor se...

anotações

Os livros podem ser perigosos. Os melhores deveriam conter o aviso "pode mudar sua vida". – Helen Exley

JULHO

08 Terça

AFIRME-SE

7

8

9

10

11

12

1

2

3

4

5

6

7

8

9

10

11

OBJETIVO DO DIA

TEMPO DE ESTUDOS

expectativa

realidade

café da manhã

almoço

snacks

jantar

TEM QUE SER FEITO SEM FALTA!!

1

2

3

ÁGUA

o que deu certo?

podia ser melhor se...

anotações

Nem todos podem ver a verdade, mas podem sê-la.
– Franz Kafka
por **@jurisconsultt**

JULHO

09 Quarta

OBJETIVO DO DIA

AFIRME-SE

7

8

9

10

11

12

1

2

3

4

5

6

7

8

9

10

11

TEMPO DE ESTUDOS

expectativa realidade

café da manhã almoço snacks jantar

TEM QUE SER FEITO SEM FALTA!!

1

2

3

ÁGUA

o que deu certo?

podia ser melhor se...

anotações

Quando você chegar no seu objetivo final não se lembrará mais dos anos de estudo, das suas renúncias ou do seu cansaço. Tudo valerá a pena.
por **@euvoupassei**

JULHO

10 Quinta

OBJETIVO DO DIA

AFIRME-SE

7

8

9

10

11

12

1

2

3

4

5

6

7

8

9

10

11

TEMPO DE ESTUDOS

expectativa *realidade*

○ *café da manhã* ○ *almoço* ○ *snacks* ○ *jantar*

TEM QUE SER FEITO SEM FALTA!!

1

2

3

ÁGUA

o que deu certo?

podia ser melhor se...

anotações

Preguiça não gera renda, estude. – Autor Anônimo
por **@concurseiroiniciantee**

JULHO

11 Sexta

OBJETIVO DO DIA

AFIRME-SE

7

8

9

10

11

12

1

2

3

4

5

6

7

8

9

10

11

TEMPO DE ESTUDOS

expectativa

realidade

café da manhã
almoço
snacks
jantar

TEM QUE SER FEITO SEM FALTA!!

1

2

3

ÁGUA

o que deu certo?

podia ser melhor se...

anotações

Quando uma criança está aprendendo a andar e cai uma infindável quantidade de vezes, ela nunca pensa consigo mesma "talvez isso não seja para mim". – Autor Anônimo por **@_focanoconcurso**

JULHO

12 Sábado

OBJETIVO DO DIA

AFIRME-SE

7

8

9

10

11

12

1

2

3

4

5

6

7

8

9

10

11

TEMPO DE ESTUDOS

expectativa realidade

café da manhã almoço snacks jantar

TEM QUE SER FEITO SEM FALTA!!

1

2

3

ÁGUA

o que deu certo?

podia ser melhor se...

anotações

Viver é isso: ficar se equilibrando, o tempo todo, entre escolhas e consequências. – Jean Paul Sartre
por **@focojoy**

JULHO

13 Domingo

AFIRME-SE

7

8

9

10

11

12

1

2

3

4

5

6

7

8

9

10

11

OBJETIVO DO DIA

TEMPO DE ESTUDOS

expectativa

realidade

café da manhã
almoço
snacks
jantar

TEM QUE SER FEITO SEM FALTA!!

1

2

3

ÁGUA

o que deu certo?

podia ser melhor se...

anotações

Mesmo que você tenha dias ruins, se permita ser a pessoa que acorda todos os dias com esperança e determinação de conquistar o que deseja.

por **@concurseiralavoueu**

SEG	TER	QUA	QUI	SEX	SÁB	DOM
30	1	2	3	4	5	6
7	8	9	10	11	12	13
14	15	16	17	18	19	20
21	22	23	24	25	26	27
28	29	30	31	1	2	3

◐02 CRES ●10 CHEIA ◗17 MING ○24 NOVA

SEG 14

TER 15

QUA 16

QUI 17

EVENTOS

SEX 18

TAREFAS

INFORMATIVO STF

☐ visto ☐ revisado

Obs: ____________________

____

sono

+
12
10
8
6
4
-

seg ter qua qui sex sab dom

SAB 19

DOM 20

humor

seg ter qua qui sex sab dom

Acompanhamento de Simulados

Para o que estou estudando?

Disciplina	Tema	Qtd.	Acertos	Aproveitamento	Evolução
				10 … 100	MELHOR / PIOR
				10 … 100	MELHOR / PIOR
				10 … 100	MELHOR / PIOR
				10 … 100	MELHOR / PIOR
				10 … 100	MELHOR / PIOR
				10 … 100	MELHOR / PIOR
				10 … 100	MELHOR / PIOR
				10 … 100	MELHOR / PIOR
				10 … 100	MELHOR / PIOR
				10 … 100	MELHOR / PIOR

JULHO

14 Segunda

OBJETIVO DO DIA

AFIRME-SE

7
8
9
10
11
12
1
2
3
4
5
6
7
8
9
10
11

TEMPO DE ESTUDOS

expectativa realidade

café da manhã almoço snacks jantar

TEM QUE SER FEITO SEM FALTA!!

1
2
3

ÁGUA

o que deu certo?

podia ser melhor se...

anotações

Tenha coragem de ir atrás dos seus sonhos. – Autor Anônimo
por **@vouser.juiza**

JULHO
15 Terça

OBJETIVO DO DIA

AFIRME-SE

7

8

9

10

11

12

1

2

3

4

5

6

7

8

9

10

11

TEMPO DE ESTUDOS

expectativa

realidade

café da manhã

almoço

snacks

jantar

TEM QUE SER FEITO SEM FALTA!!

1

2

3

ÁGUA

o que deu certo?

podia ser melhor se...

anotações

Ou você se compromete com objetivo da vitória, ou não.
– Ayrton Senna
por **@corujinha_juridica**

JULHO

16 Quarta

OBJETIVO DO DIA

AFIRME-SE

7

8

9

10

11

12

1

2

3

4

5

6

7

8

9

10

11

TEMPO DE ESTUDOS

expectativa realidade

café da manhã almoço snacks jantar

TEM QUE SER FEITO SEM FALTA!!

1

2

3

ÁGUA

o que deu certo?

podia ser melhor se...

anotações

Em 1º lugar, tenha um ideal prático e definitivo; Em 2º, disponha dos meios necessários para atingir os seus fins; E então, ajuste todos os seus meios para esse fim. – Aristóteles

por **@coisasdeconcurseira**

JULHO

17 Quinta

OBJETIVO DO DIA

AFIRME-SE

7	
8	
9	
10	
11	
12	
1	
2	
3	
4	
5	
6	
7	
8	
9	
10	
11	

TEMPO DE ESTUDOS

expectativa ______ realidade ______

○ café da manhã ○ almoço ○ snacks ○ jantar

TEM QUE SER FEITO SEM FALTA!!

1. ______
2. ______
3. ______

ÁGUA

o que deu certo?

podia ser melhor se...

anotações

Entrego, confio, dou uma surtada e agradeço.
por **@juizadotrabalho**

JULHO

18 Sexta

OBJETIVO DO DIA

AFIRME-SE

7

8

9

10

11

12

1

2

3

4

5

6

7

8

9

10

11

TEMPO DE ESTUDOS

expectativa

realidade

○ café da manhã ○ almoço ○ snacks ○ jantar

TEM QUE SER FEITO SEM FALTA!!

①

②

③

ÁGUA

o que deu certo?

podia ser melhor se...

anotações

O atrativo do conhecimento seria pequeno se no caminho que a ele conduz não houvesse que vencer tanto pudor.
– Friedrich Nietzsche
por **@isadoramradv**

JULHO

19 Sábado

OBJETIVO DO DIA

AFIRME-SE

7

8

9

10

11

12

1

2

3

4

5

6

7

8

9

10

11

TEMPO DE ESTUDOS

expectativa realidade

café da manhã almoço snacks jantar

TEM QUE SER FEITO SEM FALTA!!

1

2

3

ÁGUA

o que deu certo?

podia ser melhor se...

anotações

A única forma de chegar ao impossível é acreditar que é possível. – Lewis Carroll

por **@focodeconcurseira**

JULHO

20 Domingo

AFIRME-SE

7

8

9

10

11

12

1

2

3

4

5

6

7

8

9

10

11

OBJETIVO DO DIA

TEMPO DE ESTUDOS

expectativa realidade

café da manhã almoço snacks jantar

TEM QUE SER FEITO SEM FALTA!!

1

2

3

ÁGUA

o que deu certo?

podia ser melhor se...

anotações

Se você é bom no que faz, saiba esperar e a sua hora vai chegar. Agora, se você é ruim naquilo que faz, a única coisa que pode esperar é a hora que nunca vai chegar.
– René Sanferr
por **@queropossoconsigo**

SEG	TER	QUA	QUI	SEX	SÁB	DOM
30	1	2	3	4	5	6
7	8	9	10	11	12	13
14	15	16	17	18	19	20
21	22	23	24	25	26	27
28	29	30	31	1	2	3

◐02 CRES ●10 CHEIA ◗17 MING ○24 NOVA

SEG 21

TER 22

QUA 23

QUI 24

TAREFAS

EVENTOS

SEX 25

INFORMATIVO STF

☐ visto ☐ revisado

Obs: ______________________

____

sono

+
12
10
8
6
4
-

seg ter qua qui sex sab dom

SAB 26

DOM 27

humor

seg ter qua qui sex sab dom

Acompanhamento de Simulados

Para o que estou estudando?

Disciplina	Tema	Qtd.	Acertos	Aproveitamento	Evolução
				10 100	MELHOR PIOR
				10 100	MELHOR PIOR
				10 100	MELHOR PIOR
				10 100	MELHOR PIOR
				10 100	MELHOR PIOR
				10 100	MELHOR PIOR
				10 100	MELHOR PIOR
				10 100	MELHOR PIOR
				10 100	MELHOR PIOR
				10 100	MELHOR PIOR

JULHO

21 Segunda

OBJETIVO DO DIA

AFIRME-SE

7	
8	
9	
10	
11	
12	
1	
2	
3	
4	
5	
6	
7	
8	
9	
10	
11	

TEMPO DE ESTUDOS

expectativa ________ realidade ________

◯ café da manhã ◯ almoço ◯ snacks ◯ jantar

TEM QUE SER FEITO SEM FALTA!!

1. ________
2. ________
3. ________

ÁGUA

o que deu certo?

podia ser melhor se...

anotações

Tempo não se tem, tempo se faz. – Izequias Esteban
por **@criminais**

JULHO
22 Terça

OBJETIVO DO DIA

AFIRME-SE

7

8

9

10

11

12

1

2

3

4

5

6

7

8

9

10

11

TEMPO DE ESTUDOS

expectativa realidade

café da manhã ○ almoço ○ snacks ○ jantar ○

TEM QUE SER FEITO SEM FALTA!!

1.
2.
3.

ÁGUA

o que deu certo?

podia ser melhor se...

anotações

Os ventos e as ondas estão sempre do lado dos navegadores mais competentes. – Edward Gibbon
por **@concursandanostribunais**

JULHO

23 Quarta

OBJETIVO DO DIA

AFIRME-SE

7

8

9

10

11

12

1

2

3

4

5

6

7

8

9

10

11

TEMPO DE ESTUDOS

expectativa

realidade

café da manhã

almoço

snacks

jantar

TEM QUE SER FEITO SEM FALTA!!

1

2

3

ÁGUA

o que deu certo?

podia ser melhor se...

anotações

Uma longa viagem começa com um único passo. – Lao-Tsé
por **@_study_mi**

JULHO

24 Quinta

AFIRME-SE

7

8

9

10

11

12

1

2

3

4

5

6

7

8

9

10

11

OBJETIVO DO DIA

TEMPO DE ESTUDOS

expectativa realidade

café da manhã almoço snacks jantar

TEM QUE SER FEITO SEM FALTA!!

1

2

3

ÁGUA

o que deu certo?

podia ser melhor se...

anotações

Você não está atrasado, nem adiantado, você está exatamente na hora certa. – Sri Sri Ravi Shankar

por **@magistradaemformacao**

JULHO

25 Sexta

OBJETIVO DO DIA

AFIRME-SE

7

8

9

10

11

12

1

2

3

4

5

6

7

8

9

10

11

TEMPO DE ESTUDOS

expectativa

realidade

café da manhã almoço snacks jantar

TEM QUE SER FEITO SEM FALTA!!

1

2

3

ÁGUA

o que deu certo?

podia ser melhor se...

anotações

A vida é um processo de aprendizagem. Devemos seguir aprendendo. – Lailah Gifty Akita

JULHO

26 Sábado

AFIRME-SE

7

8

9

10

11

12

1

2

3

4

5

6

7

8

9

10

11

OBJETIVO DO DIA

TEMPO DE ESTUDOS

expectativa realidade

café da manhã almoço snacks jantar

TEM QUE SER FEITO SEM FALTA!!

1

2

3

ÁGUA

o que deu certo?

podia ser melhor se...

anotações

Acredito que se você estuda, se aprende demais sobre o que os outros fizeram, poderia tender a tomar a mesma direção que todos os demais. – Jim Henson

JULHO

27 Domingo

OBJETIVO DO DIA

AFIRME-SE

7

8

9

10

11

12

1

2

3

4

5

6

7

8

9

10

11

TEMPO DE ESTUDOS

expectativa

realidade

café da manhã almoço snacks jantar

TEM QUE SER FEITO SEM FALTA!!

1

2

3

ÁGUA

o que deu certo?

podia ser melhor se...

anotações

Enquanto tenhamos vida, devemos seguir aprendendo.
– Lailah Gifty Akita

SEG	TER	QUA	QUI	SEX	SÁB	DOM
30	1	2	3	4	5	6
7	8	9	10	11	12	13
14	15	16	17	18	19	20
21	22	23	24	25	26	27
28	29	30	31	1	2	3

◐02 CRES ●10 CHEIA ◑17 MING ○24 NOVA

SEG 28

TER 29

QUA 30

QUI 31

TAREFAS

EVENTOS

SEX 01

INFORMATIVO STF

☐ visto ☐ revisado

Obs: ______________________

____

SAB 02

DOM 03

sono

+	·	·	·	·	·	·	·
12	·	·	·	·	·	·	·
10	·	·	·	·	·	·	·
8	·	·	·	·	·	·	·
6	·	·	·	·	·	·	·
4	·	·	·	·	·	·	·
-	·	·	·	·	·	·	·
	seg	ter	qua	qui	sex	sab	dom

humor

seg ter qua qui sex sab dom

Acompanhamento de Simulados

Para o que estou estudando?

Disciplina	Tema	Qtd.	Acertos	Aproveitamento	Evolução
				10 … 100	MELHOR / PIOR
				10 … 100	MELHOR / PIOR
				10 … 100	MELHOR / PIOR
				10 … 100	MELHOR / PIOR
				10 … 100	MELHOR / PIOR
				10 … 100	MELHOR / PIOR
				10 … 100	MELHOR / PIOR
				10 … 100	MELHOR / PIOR
				10 … 100	MELHOR / PIOR
				10 … 100	MELHOR / PIOR

JULHO
28 Segunda

OBJETIVO DO DIA

AFIRME-SE

7

8

9

10

11

12

1

2

3

4

5

6

7

8

9

10

11

TEMPO DE ESTUDOS

expectativa

realidade

café da manhã almoço snacks jantar

TEM QUE SER FEITO SEM FALTA!!

1

2

3

ÁGUA

o que deu certo?

podia ser melhor se...

anotações

A diferença entre ordinário e extraordinário é um pequeno extra. – Autor Anônimo

JULHO

29 Terça

OBJETIVO DO DIA

AFIRME-SE

TEMPO DE ESTUDOS

expectativa realidade

café da manhã | almoço | snacks | jantar

7
8
9
10
11
12
1
2
3
4
5
6
7
8
9
10
11

TEM QUE SER FEITO SEM FALTA!!

1
2
3

ÁGUA

o que deu certo?

podia ser melhor se...

anotações

As boas coisas chegam até as pessoas que esperam, mas as melhores coisas chegam aos que saem e as conseguem.
– Autor Anônimo

JULHO

30 Quarta

AFIRME-SE

7

8

9

10

11

12

1

2

3

4

5

6

7

8

9

10

11

OBJETIVO DO DIA

TEMPO DE ESTUDOS

expectativa realidade

café da manhã almoço snacks jantar

TEM QUE SER FEITO SEM FALTA!!

1
2
3

ÁGUA

o que deu certo?

podia ser melhor se...

anotações

Estude enquanto outros estejam dormindo; trabalhe enquanto outros estejam folgando; prepare-se enquanto outros estejam brincando; e sonhe enquanto outros estejam desejando. – William Arthur Ward

JULHO

31 Quinta

OBJETIVO DO DIA

AFIRME-SE

7

8

9

10

11

12

1

2

3

4

5

6

7

8

9

10

11

TEMPO DE ESTUDOS

expectativa

realidade

café da manhã ○ almoço ○ snacks ○ jantar

TEM QUE SER FEITO SEM FALTA!!

1.
2.
3.

ÁGUA

o que deu certo?

podia ser melhor se...

anotações

Se está estudando para um exame, não fique pensando nos resultados. Se você sempre está preocupado com os resultados, não pode estudar muito. Portanto, estar desligado dos resultados é excelente. – Deepak Chopra

AGOSTO

01 Sexta

OBJETIVO DO DIA

AFIRME-SE

7

8

9

10

11

12

1

2

3

4

5

6

7

8

9

10

11

TEMPO DE ESTUDOS

expectativa

realidade

café da manhã almoço snacks jantar

TEM QUE SER FEITO SEM FALTA!!

1

2

3

ÁGUA

o que deu certo?

podia ser melhor se...

anotações

Para adquirir conhecimento, se deve estudar; mas para adquirir sabedoria, se deve observar. – Marilyn vos Savant

AGOSTO

02 Sábado

OBJETIVO DO DIA

TEMPO DE ESTUDOS

expectativa

realidade

AFIRME-SE

7

8

9

10

11

12

1

2

3

4

5

6

7

8

9

10

11

café da manhã almoço snacks jantar

TEM QUE SER FEITO SEM FALTA!!

1.

2.

3.

ÁGUA

o que deu certo?

podia ser melhor se...

anotações

Não importa o quão ocupado você estiver, deve encontrar tempo para ler, ou se render à autoelegida ignorância.
– Atwood H. Townsend

AGOSTO

03 Domingo

AFIRME-SE

7

8

9

10

11

12

1

2

3

4

5

6

7

8

9

10

11

OBJETIVO DO DIA

TEMPO DE ESTUDOS

expectativa

realidade

café da manhã almoço snacks jantar

TEM QUE SER FEITO SEM FALTA!!

1

2

3

ÁGUA

o que deu certo?

podia ser melhor se...

anotações

Os sonhos, por serem verdadeiros projetos de vida, resgatam nosso prazer de viver e nosso sentido de vida, que representam a felicidade essencial que todos procuramos. – Augusto Cury

por **@concurseiralavoueu**

Agosto

SEG	TER	QUA	QUI	SEX	SÁB	DOM
28	29	30	31	1	2	3
4	**5**	**6**	**7**	**8**	9	**10**
11	12	13	14	15	16	17
18	19	20	21	22	23	24
25	26	27	28	29	30	31

◖01 CRES ●09 CHEIA ◗16 MING ○23 NOVA ◖31 CRES

04 a **08** JusDays
10 Dia dos Pais

ago

SEG	TER	QUA	QUI	SEX	SÁB	DOM
				1	2	3
4	5	6	7	8	9	10
11	12	13	14	15	16	17
18	19	20	21	22	23	24
25	26	27	28	29	30	31

● trabalho ★ estudos ◎ viagem
■ pessoal ▲ cursos

INFORMATIVOS STJ

___ / ___ / ____
☐ visto ☐ revisado
Obs: ____________________

___ / ___ / ____
☐ visto ☐ revisado
Obs: ____________________

ANIVERSÁRIOS

EDITAIS ABERTOS

① ____________________
② ____________________
③ ____________________

Controle de hábitos

	1	2	3	4	5	6	7	8	9	10	11	12	13	14	15	16	17	18	19	20	21	22	23	24	25	26	27	28	29	30	31

Finanças

GANHOS

total

GASTOS

total

total

TAREFAS

EXTRAS

total

TOTAL DE GASTOS

POUPANÇA (GANHOS - GASTOS)

Metas do mês

Fluxo de estudos

	0	1h	2h	3h	4h	5h	6h	7h	8h	9h	10h	+
1												
2												
3												
4												
5												
6												
7												
8												
9												
10												
11												
12												
13												
14												
15												
16												
17												
18												
19												
20												
21												
22												
23												
24												
25												
26												
27												
28												
29												
30												
31												

ago

SEG	TER	QUA	QUI	SEX	SÁB	DOM
28	29	30	31	1	2	3
4	**5**	**6**	**7**	**8**	9	**10**
11	12	13	14	15	16	17
18	19	20	21	22	23	24
25	26	27	28	29	30	31

◐01 CRES ●09 CHEIA ◑16 MING ○23 NOVA ◐31 CRES

04 a **08** JusDays
10 Dia dos Pais

SEG 04

TER 05

QUA 06

QUI 07

EVENTOS

SEX 08

sono

+
12
10
8
6
4
-

seg ter qua qui sex sab dom

TAREFAS

SAB 09

DOM 10

humor

seg ter qua qui sex sab dom

INFORMATIVO STF

☐ visto ☐ revisado

Obs: ______________________

____

Acompanhamento de Simulados

Para o que estou estudando?

Disciplina	Tema	Qtd.	Acertos	Aproveitamento	Evolução
				10 … 100	MELHOR / PIOR
				10 … 100	MELHOR / PIOR
				10 … 100	MELHOR / PIOR
				10 … 100	MELHOR / PIOR
				10 … 100	MELHOR / PIOR
				10 … 100	MELHOR / PIOR
				10 … 100	MELHOR / PIOR
				10 … 100	MELHOR / PIOR
				10 … 100	MELHOR / PIOR
				10 … 100	MELHOR / PIOR

AGOSTO

04 Segunda

OBJETIVO DO DIA

AFIRME-SE

JusDay

7

8

9

10

11

12

1

2

3

4

5

6

7

8

9

10

11

TEMPO DE ESTUDOS

expectativa

realidade

café da manhã ◯ almoço ◯ snacks ◯ jantar

TEM QUE SER FEITO SEM FALTA!!

1.
2.
3.

ÁGUA

o que deu certo?

podia ser melhor se...

anotações

Nunca é tarde para estudar para uma carreira, mestrado ou doutorado. A aprendizagem não tem limite de idade. Todas as faixas etárias são bem-vindas ao ato de aprender. – Lailah Gifty Akita

AGOSTO

05 Terça

OBJETIVO DO DIA

TEMPO DE ESTUDOS

expectativa realidade

AFIRME-SE

JusDay

café da manhã almoço snacks jantar

7

8

9

10

11

12

1

2

3

4

5

6

7

8

9

10

11

TEM QUE SER FEITO SEM FALTA!!

1

2

3

ÁGUA

o que deu certo?

podia ser melhor se...

anotações

As pessoas de sucesso estudam para adquirir conhecimentos, não para ganhar corridas. – Udayveer Singh

AGOSTO

06 Quarta

AFIRME-SE

JusDay

7

8

9

10

11

12

1

2

3

4

5

6

7

8

9

10

11

OBJETIVO DO DIA

TEMPO DE ESTUDOS

expectativa realidade

café da manhã almoço snacks jantar

TEM QUE SER FEITO SEM FALTA!!

1

2

3

ÁGUA

o que deu certo?

podia ser melhor se...

anotações

Estude as suposições detrás de suas ações. Logo, estude as suposições detrás de suas suposições. – Idries Shah

AGOSTO

07 Quinta

OBJETIVO DO DIA

AFIRME-SE

JusDay

7

8

9

10

11

12

1

2

3

4

5

6

7

8

9

10

11

TEMPO DE ESTUDOS

expectativa

realidade

café da manhã

almoço

snacks

jantar

TEM QUE SER FEITO SEM FALTA!!

1

2

3

ÁGUA

o que deu certo?

podia ser melhor se...

anotações

Só porque você passou quatro anos estudando uma disciplina não significa que tenha que passar os 40 anos restantes sofrendo por ela. – Dhaval Gajera

AGOSTO

08 Sexta

AFIRME-SE

JusDay

7

8

9

10

11

12

1

2

3

4

5

6

7

8

9

10

11

OBJETIVO DO DIA

TEMPO DE ESTUDOS

expectativa realidade

café da manhã almoço snacks jantar

TEM QUE SER FEITO SEM FALTA!!

1.
2.
3.

ÁGUA

o que deu certo?

podia ser melhor se...

anotações

Que a gente se divirta sem se matar, que ame sem se contaminar, que aprenda sem se enganar, que viva sem se vender. – Lya Luft

AGOSTO

09 Sábado

OBJETIVO DO DIA

AFIRME-SE

TEMPO DE ESTUDOS

expectativa

realidade

café da manhã

almoço

snacks

jantar

TEM QUE SER FEITO SEM FALTA!!

1

2

3

ÁGUA

7

8

9

10

11

12

1

2

3

4

5

6

7

8

9

10

11

o que deu certo?

podia ser melhor se...

anotações

As mentes são como paraquedas, só funcionam quando estão abertas. – Autor Anônimo

AGOSTO

10 Domingo

AFIRME-SE

Dia dos Pais

7

8

9

10

11

12

1

2

3

4

5

6

7

8

9

10

11

OBJETIVO DO DIA

TEMPO DE ESTUDOS

expectativa

realidade

café da manhã

almoço

snacks

jantar

TEM QUE SER FEITO SEM FALTA!!

1

2

3

ÁGUA

o que deu certo?

podia ser melhor se...

anotações

Nada contribui tanto para tranqüilizar a mente quanto um objetivo claro – um ponto sobre o qual a alma possa fixar seu olhar intelectual. – Mary Shelley

ago

SEG	TER	QUA	QUI	SEX	SÁB	DOM
28	29	30	31	1	2	3
4	**5**	**6**	**7**	**8**	9	**10**
11	12	13	14	15	16	17
18	19	20	21	22	23	24
25	26	27	28	29	30	31
◐01 CRES	●09 CHEIA	◑16 MING	○23 NOVA	◐31 CRES		

04 a **08** JusDays
10 Dia dos Pais

SEG 11

TER 12

QUA 13

QUI 14

EVENTOS

SEX 15

sono

+
12
10
8
6
4
-

seg ter qua qui sex sab dom

TAREFAS

SAB 16

DOM 17

humor

seg ter qua qui sex sab dom

INFORMATIVO STF

☐ visto ☐ revisado

Obs: ____________________

____

Acompanhamento de Simulados

Para o que estou estudando?

Disciplina	Tema	Qtd.	Acertos	Aproveitamento	Evolução
				10 … 100	MELHOR / PIOR
				10 … 100	MELHOR / PIOR
				10 … 100	MELHOR / PIOR
				10 … 100	MELHOR / PIOR
				10 … 100	MELHOR / PIOR
				10 … 100	MELHOR / PIOR
				10 … 100	MELHOR / PIOR
				10 … 100	MELHOR / PIOR
				10 … 100	MELHOR / PIOR
				10 … 100	MELHOR / PIOR

AGOSTO

11 Segunda

AFIRME-SE

7

8

9

10

11

12

1

2

3

4

5

6

7

8

9

10

11

OBJETIVO DO DIA

TEMPO DE ESTUDOS

expectativa *realidade*

○ *café da manhã* ○ *almoço* ○ *snacks* ○ *jantar*

TEM QUE SER FEITO SEM FALTA!!

1.
2.
3.

ÁGUA

o que deu certo?

podia ser melhor se...

anotações

A esperança tem asas. Faz a alma voar. Canta a melodia mesmo sem saber a letra. E nunca desiste. Nunca.
– Emily Dickinson

AGOSTO

12 Terça

AFIRME-SE

7

8

9

10

11

12

1

2

3

4

5

6

7

8

9

10

11

OBJETIVO DO DIA

TEMPO DE ESTUDOS

expectativa realidade

◯ café da manhã ◯ almoço ◯ snacks ◯ jantar

TEM QUE SER FEITO SEM FALTA!!

1.
2.
3.

ÁGUA

o que deu certo?

podia ser melhor se...

anotações

Não importa se você não tem dinheiro, você é uma pessoa rica, pois possui o maior de todos os capitais: a sua inteligência. Invista nela. Estude! – Augusto Cury

AGOSTO

13 Quarta

OBJETIVO DO DIA

AFIRME-SE

7

8

9

10

11

12

1

2

3

4

5

6

7

8

9

10

11

TEMPO DE ESTUDOS

expectativa

realidade

café da manhã almoço snacks jantar

TEM QUE SER FEITO SEM FALTA!!

1

2

3

ÁGUA

o que deu certo?

podia ser melhor se...

anotações

Sucesso é apenas sorte; pergunte para qualquer fracassado. – Earle Wilson

AGOSTO

14 Quinta

AFIRME-SE

7

8

9

10

11

12

1

2

3

4

5

6

7

8

9

10

11

OBJETIVO DO DIA

TEMPO DE ESTUDOS

expectativa realidade

café da manhã almoço snacks jantar

TEM QUE SER FEITO SEM FALTA!!

1

2

3

ÁGUA

o que deu certo?

podia ser melhor se...

anotações

Se quiser ser feliz, amarre-se a uma meta, não as pessoas ou as coisas. – Albert Einstein

AGOSTO

15 Sexta

OBJETIVO DO DIA

TEMPO DE ESTUDOS

expectativa realidade

AFIRME-SE

café da manhã ◯ almoço ◯ snacks ◯ jantar

7
8
9
10
11
12
1
2
3
4
5
6
7
8
9
10
11

TEM QUE SER FEITO SEM FALTA!!

1.
2.
3.

ÁGUA

o que deu certo?

podia ser melhor se...

anotações

Estudar o que gosta é meio que cuidar de um filho na madrugada. Sempre vai tratá-lo com carinho e atenção. Independente do sono. – Autor Anônimo

AGOSTO

16 Sábado

AFIRME-SE

7

8

9

10

11

12

1

2

3

4

5

6

7

8

9

10

11

OBJETIVO DO DIA

TEMPO DE ESTUDOS

expectativa realidade

◯ café da manhã ◯ almoço ◯ snacks ◯ jantar

TEM QUE SER FEITO SEM FALTA!!

1

2

3

ÁGUA

o que deu certo?

podia ser melhor se...

anotações

É feliz quem sonha, mas só tem sucesso que se dispõe a pagar o preço para transformar seu sonho em realidade.
– Silvio Santos

AGOSTO

17 Domingo

OBJETIVO DO DIA

AFIRME-SE

TEMPO DE ESTUDOS

expectativa

realidade

café da manhã

almoço

snacks

jantar

TEM QUE SER FEITO SEM FALTA!!

1

2

3

ÁGUA

7

8

9

10

11

12

1

2

3

4

5

6

7

8

9

10

11

o que deu certo?

podia ser melhor se...

anotações

Não é suficiente apenas estudar, muitos fazem isso. A grande questão é como você vai fixar o assunto estudado.
– Autor Anônimo

ago

SEG 18

TER 19

QUA 20

QUI 21

SEG	TER	QUA	QUI	SEX	SÁB	DOM
28	29	30	31	1	2	3
4	**5**	**6**	**7**	**8**	9	**10**
11	12	13	14	15	16	17
18	19	20	21	22	23	24
25	26	27	28	29	30	31
◐01 CRES	●09 CHEIA	◗16 MING	○23 NOVA	◐31 CRES		

04 a **08** JusDays
10 Dia dos Pais

EVENTOS

SEX 22

sono

+	·	·	·	·	·	·	·
12	·	·	·	·	·	·	·
10	·	·	·	·	·	·	·
8	·	·	·	·	·	·	·
6	·	·	·	·	·	·	·
4	·	·	·	·	·	·	·
-	·	·	·	·	·	·	·
	seg	ter	qua	qui	sex	sab	dom

TAREFAS

SAB 23

DOM 24

humor

seg ter qua qui sex sab dom

INFORMATIVO STF

☐ visto ☐ revisado

Obs: ____________________

____

Acompanhamento de Simulados

Para o que estou estudando?

Disciplina	Tema	Qtd.	Acertos	Aproveitamento	Evolução
				10 … 100	MELHOR / PIOR
				10 … 100	MELHOR / PIOR
				10 … 100	MELHOR / PIOR
				10 … 100	MELHOR / PIOR
				10 … 100	MELHOR / PIOR
				10 … 100	MELHOR / PIOR
				10 … 100	MELHOR / PIOR
				10 … 100	MELHOR / PIOR
				10 … 100	MELHOR / PIOR
				10 … 100	MELHOR / PIOR

AGOSTO

18 Segunda

AFIRME-SE

7

8

9

10

11

12

1

2

3

4

5

6

7

8

9

10

11

OBJETIVO DO DIA

TEMPO DE ESTUDOS

expectativa realidade

café da manhã ◯ almoço ◯ snacks ◯ jantar

TEM QUE SER FEITO SEM FALTA!!

1

2

3

ÁGUA

o que deu certo?

podia ser melhor se...

anotações

Estudar é o caminho para o sucesso. – Autor Anônimo

AGOSTO

19 Terça

OBJETIVO DO DIA

TEMPO DE ESTUDOS

expectativa realidade

AFIRME-SE

café da manhã almoço snacks jantar

7
8
9
10
11
12
1
2
3
4
5
6
7
8
9
10
11

TEM QUE SER FEITO SEM FALTA!!

1
2
3

ÁGUA

o que deu certo?

podia ser melhor se...

anotações

Conhecimento é Poder. – Thomas Hobbes

AGOSTO

20 Quarta

OBJETIVO DO DIA

AFIRME-SE

TEMPO DE ESTUDOS

expectativa realidade

café da manhã almoço snacks jantar

TEM QUE SER FEITO SEM FALTA!!

1
2
3

ÁGUA

7
8
9
10
11
12
1
2
3
4
5
6
7
8
9
10
11

o que deu certo?

podia ser melhor se...

anotações

Conhecimento não é aquilo que você sabe, mas o que você faz com o aquilo que você sabe. – Aldous Huxley

AGOSTO

21 Quinta

OBJETIVO DO DIA

AFIRME-SE

7

8

9

10

11

12

1

2

3

4

5

6

7

8

9

10

11

TEMPO DE ESTUDOS

expectativa

realidade

café da manhã almoço snacks jantar

TEM QUE SER FEITO SEM FALTA!!

1

2

3

ÁGUA

o que deu certo?

podia ser melhor se...

anotações

As raízes dos estudos são amargas, mas seus frutos são doces. – Aristóteles

AGOSTO

22 Sexta

AFIRME-SE

7

8

9

10

11

12

1

2

3

4

5

6

7

8

9

10

11

OBJETIVO DO DIA

TEMPO DE ESTUDOS

expectativa realidade

café da manhã almoço snacks jantar

TEM QUE SER FEITO SEM FALTA!!

1
2
3

ÁGUA

o que deu certo?

podia ser melhor se...

anotações

Insista, persista e não desista. – Autor Anônimo

AGOSTO

23 Sábado

OBJETIVO DO DIA

AFIRME-SE

7

8

9

10

11

12

1

2

3

4

5

6

7

8

9

10

11

TEMPO DE ESTUDOS

expectativa realidade

café da manhã almoço snacks jantar

TEM QUE SER FEITO SEM FALTA!!

1

2

3

ÁGUA

o que deu certo?

podia ser melhor se...

anotações

Se você quer ser bem-sucedido, precisa ter dedicação total, buscar seu último limite e dar o melhor de si mesmo. – Ayrton Senna

AGOSTO

24 Domingo

OBJETIVO DO DIA

AFIRME-SE

7
8
9
10
11
12
1
2
3
4
5
6
7
8
9
10
11

TEMPO DE ESTUDOS

expectativa realidade

café da manhã almoço snacks jantar

TEM QUE SER FEITO SEM FALTA!!

1
2
3

ÁGUA

o que deu certo?

podia ser melhor se...

anotações

Palavras são, na minha não tão humilde opinião, nossa inesgotável fonte de magia. Capazes de ferir e de curar.
– J. K. Rowling
por **@jurisconsultt**

ago

SEG	TER	QUA	QUI	SEX	SÁB	DOM
28	29	30	31	1	2	3
4	**5**	**6**	**7**	**8**	9	**10**
11	12	13	14	15	16	17
18	19	20	21	22	23	24
25	26	27	28	29	30	31

◐01 CRES ●09 CHEIA ◗16 MING ○23 NOVA ◐31 CRES

04 a **08** JusDays
10 Dia dos Pais

SEG 25

TER 26

QUA 27

QUI 28

EVENTOS

SEX 29

sono

+
12
10
8
6
4
-

seg ter qua qui sex sab dom

TAREFAS

SAB 30

DOM 31

humor

seg ter qua qui sex sab dom

INFORMATIVO STF

☐ visto ☐ revisado

Obs: ______________________

____

Acompanhamento de Simulados

Para o que estou estudando?

Disciplina	Tema	Qtd.	Acertos	Aproveitamento	Evolução
				10 … 100	MELHOR / PIOR
				10 … 100	MELHOR / PIOR
				10 … 100	MELHOR / PIOR
				10 … 100	MELHOR / PIOR
				10 … 100	MELHOR / PIOR
				10 … 100	MELHOR / PIOR
				10 … 100	MELHOR / PIOR
				10 … 100	MELHOR / PIOR
				10 … 100	MELHOR / PIOR
				10 … 100	MELHOR / PIOR

AGOSTO

25 Segunda

OBJETIVO DO DIA

AFIRME-SE

7	
8	
9	
10	
11	
12	
1	
2	
3	
4	
5	
6	
7	
8	
9	
10	
11	

TEMPO DE ESTUDOS

expectativa realidade

○ café da manhã ○ almoço ○ snacks ○ jantar

TEM QUE SER FEITO SEM FALTA!!

1.
2.
3.

ÁGUA

o que deu certo?

podia ser melhor se...

anotações

Nosso destino vive dentro de nós, você só tem que ser corajoso o suficiente para vê-lo. – Princesa Mérida
por **@euvoupassei**

AGOSTO

26 Terça

AFIRME-SE

7

8

9

10

11

12

1

2

3

4

5

6

7

8

9

10

11

OBJETIVO DO DIA

TEMPO DE ESTUDOS

expectativa realidade

café da manhã almoço snacks jantar

TEM QUE SER FEITO SEM FALTA!!

1

2

3

ÁGUA

o que deu certo?

podia ser melhor se...

anotações

Devemos confiar como se tudo dependesse de Deus, mas agir como se tudo dependesse de nós. – Autor Anônimo por **@concurseiroiniciantee**

AGOSTO

27 Quarta

OBJETIVO DO DIA

AFIRME-SE

7

8

9

10

11

12

1

2

3

4

5

6

7

8

9

10

11

TEMPO DE ESTUDOS

expectativa realidade

○ café da manhã ○ almoço ○ snacks ○ jantar

TEM QUE SER FEITO SEM FALTA!!

1.
2.
3.

ÁGUA

o que deu certo?

podia ser melhor se...

anotações

O êxito é a soma de pequenos esforços repetidos todos os dias.

por **@_focanoconcurso**

AGOSTO

28 Quinta

OBJETIVO DO DIA

AFIRME-SE

7

8

9

10

11

12

1

2

3

4

5

6

7

8

9

10

11

TEMPO DE ESTUDOS

expectativa realidade

café da manhã almoço snacks jantar

TEM QUE SER FEITO SEM FALTA!!

1
2
3

ÁGUA

o que deu certo?

podia ser melhor se...

anotações

Se as coisas são inatingíveis... ora!
Não é motivo para não querê-las...
Que tristes os caminhos, se não fora
A presença distante das estrelas!
– Mario Quintana
por **@focojoy**

AGOSTO

29 Sexta

OBJETIVO DO DIA

AFIRME-SE

7

8

9

10

11

12

1

2

3

4

5

6

7

8

9

10

11

TEMPO DE ESTUDOS

expectativa *realidade*

○ *café da manhã* ○ *almoço* ○ *snacks* ○ *jantar*

TEM QUE SER FEITO SEM FALTA!!

1.
2.
3.

ÁGUA

o que deu certo?

podia ser melhor se...

anotações

Escape da prisão psicológica chamada "zona de conforto". Sonhe, viva e realize!
por **@concurseiralavoueu**

AGOSTO

30 Sábado

AFIRME-SE

7

8

9

10

11

12

1

2

3

4

5

6

7

8

9

10

11

OBJETIVO DO DIA

TEMPO DE ESTUDOS

expectativa realidade

café da manhã / almoço / snacks / jantar

TEM QUE SER FEITO SEM FALTA!!

1

2

3

ÁGUA

o que deu certo?

podia ser melhor se...

anotações

Estude sem imediatismo que os resultados surgirão naturalmente. – Autor Anônimo
por **@vouser.juiza**

AGOSTO

31 Domingo

AFIRME-SE

7

8

9

10

11

12

1

2

3

4

5

6

7

8

9

10

11

OBJETIVO DO DIA

TEMPO DE ESTUDOS

expectativa

realidade

café da manhã

almoço

snacks

jantar

TEM QUE SER FEITO SEM FALTA!!

1

2

3

ÁGUA

o que deu certo?

podia ser melhor se...

anotações

Eu não tenho ídolos. Tenho admiração por trabalho, dedicação e competência. – Ayrton Senna

por **@corujinha_juridica**

anotações

Setembro

SEG	TER	QUA	QUI	SEX	SÁB	DOM
1	2	3	4	5	6	**7**
8	9	10	11	12	13	14
15	16	17	18	19	20	21
22	**23**	**24**	**25**	**26**	27	28
29	30	1	2	3	4	5

● 07 CHEIA ◗ 14 MING ○ 21 NOVA ◖ 29 CRES

07 Dia da Independência do Brasil
22 a **26** JusLover

set

SEG	TER	QUA	QUI	SEX	SÁB	DOM
1	2	3	4	5	6	**7**
8	9	10	11	12	13	14
15	16	17	18	19	20	21
22	**23**	**24**	**25**	**26**	27	28
29	30					

● trabalho ■ pessoal ★ estudos ▲ cursos ◎ viagem

ANIVERSÁRIOS

INFORMATIVOS STJ

___ / ___ / ___

☐ visto ☐ revisado

Obs: ______________________

EDITAIS ABERTOS

① ______________________

② ______________________

③ ______________________

___ / ___ / ___

☐ visto ☐ revisado

Obs: ______________________

Controle de hábitos

	1	2	3	4	5	6	7	8	9	10	11	12	13	14	15	16	17	18	19	20	21	22	23	24	25	26	27	28	29	30

Finanças

GANHOS

total

GASTOS

total

total

TAREFAS

EXTRAS

total

TOTAL DE GASTOS

POUPANÇA (GANHOS - GASTOS)

Metas do mês

Fluxo de estudos

	0	1h	2h	3h	4h	5h	6h	7h	8h	9h	10h	+
1												
2												
3												
4												
5												
6												
7												
8												
9												
10												
11												
12												
13												
14												
15												
16												
17												
18												
19												
20												
21												
22												
23												
24												
25												
26												
27												
28												
29												
30												

set

SEG	TER	QUA	QUI	SEX	SÁB	DOM
1	2	3	4	5	6	**7**
8	9	10	11	12	13	14
15	16	17	18	19	20	21
22	**23**	**24**	**25**	**26**	27	28
29	30	1	2	3	4	5

●07 CHEIA ◗14 MING ○21 NOVA ◖29 CRES

07 Dia da Independência do Brasil
22 a **26** JusLover

TAREFAS

INFORMATIVO STF

☐ visto ☐ revisado

Obs: ____________________

____

SAB 06

DOM 07

SEG 01

TER 02

QUI 04

SEX 05

QUA 03

humor

	seg	ter	qua	qui	sex	sab	dom

sono

	seg	ter	qua	qui	sex	sab	dom
+							
12							
10							
8							
6							
4							
-							

EVENTOS

Acompanhamento de Simulados

Para o que estou estudando?

Disciplina	Tema	Qtd.	Acertos	Aproveitamento	Evolução
				10 … 100	MELHOR / PIOR
				10 … 100	MELHOR / PIOR
				10 … 100	MELHOR / PIOR
				10 … 100	MELHOR / PIOR
				10 … 100	MELHOR / PIOR
				10 … 100	MELHOR / PIOR
				10 … 100	MELHOR / PIOR
				10 … 100	MELHOR / PIOR
				10 … 100	MELHOR / PIOR
				10 … 100	MELHOR / PIOR

SETEMBRO

01 Segunda

AFIRME-SE

7

8

9

10

11

12

1

2

3

4

5

6

7

8

9

10

11

OBJETIVO DO DIA

TEMPO DE ESTUDOS

expectativa

realidade

café da manhã ◯ almoço ◯ snacks ◯ jantar

TEM QUE SER FEITO SEM FALTA!!

1

2

3

ÁGUA

o que deu certo?

podia ser melhor se...

anotações

O sucesso não tem a ver com quanto dinheiro você ganha, mas com a diferença que você faz na vida de outras pessoas. – Michelle Obama

SETEMBRO

02 Terça

OBJETIVO DO DIA

AFIRME-SE

7	
8	
9	
10	
11	
12	
1	
2	
3	
4	
5	
6	
7	
8	
9	
10	
11	

TEMPO DE ESTUDOS

expectativa realidade

café da manhã almoço snacks jantar

TEM QUE SER FEITO SEM FALTA!!

1.
2.
3.

ÁGUA

o que deu certo?

podia ser melhor se...

anotações

Ninguém que deu seu melhor se arrependeu algum dia.
por **@juizadotrabalho**

SETEMBRO

03 Quarta

AFIRME-SE

7

8

9

10

11

12

1

2

3

4

5

6

7

8

9

10

11

OBJETIVO DO DIA

TEMPO DE ESTUDOS

expectativa

realidade

café da manhã | almoço | snacks | jantar

TEM QUE SER FEITO SEM FALTA!!

1.
2.
3.

ÁGUA

o que deu certo?

podia ser melhor se...

anotações

Transforme o mundo, a partir de você. Seja a mudança que você deseja para o mundo. – Mahatma Gandhi

por **@isadoramradv**

SETEMBRO

04 Quinta

OBJETIVO DO DIA

AFIRME-SE

7

8

9

10

11

12

1

2

3

4

5

6

7

8

9

10

11

TEMPO DE ESTUDOS

expectativa

realidade

café da manhã ◯ almoço ◯ snacks ◯ jantar

TEM QUE SER FEITO SEM FALTA!!

1

2

3

ÁGUA

o que deu certo?

podia ser melhor se...

anotações

Quem vive nas trevas não consegue ser visto, nem vê nada. – Khalil Gibran

SETEMBRO

05 Sexta

AFIRME-SE

7

8

9

10

11

12

1

2

3

4

5

6

7

8

9

10

11

OBJETIVO DO DIA

TEMPO DE ESTUDOS

expectativa realidade

café da manhã almoço snacks jantar

TEM QUE SER FEITO SEM FALTA!!

1

2

3

ÁGUA

o que deu certo?

podia ser melhor se...

anotações

Não desista: O que a lagarta chama de fim do mundo, Deus chama de borboleta. – Franklin Martins
por **@queropossoconsigo**

SETEMBRO

06 Sábado

OBJETIVO DO DIA

AFIRME-SE

7

8

9

10

11

12

1

2

3

4

5

6

7

8

9

10

11

TEMPO DE ESTUDOS

expectativa

realidade

café da manhã almoço snacks jantar

TEM QUE SER FEITO SEM FALTA!!

1.
2.
3.

ÁGUA

o que deu certo?

podia ser melhor se...

anotações

Apenas tome decisões que suportem a sua autoimagem, autoestima e valor próprio. – Oprah Winfrey

SETEMBRO

07 Domingo

AFIRME-SE

Dia da Independência do Brasil

7

8

9

10

11

12

1

2

3

4

5

6

7

8

9

10

11

OBJETIVO DO DIA

TEMPO DE ESTUDOS

expectativa

realidade

café da manhã | almoço | snacks | jantar

TEM QUE SER FEITO SEM FALTA!!

1.
2.
3.

ÁGUA

o que deu certo?

podia ser melhor se...

anotações

O começo é a metade de todas as ações. Provérbio Grego
por **@concursandanostribunais**

set

SEG	TER	QUA	QUI	SEX	SÁB	DOM
1	2	3	4	5	6	**7**
8	9	10	11	12	13	14
15	16	17	18	19	20	21
22	**23**	**24**	**25**	**26**	27	28
29	30	1	2	3	4	5

●07 CHEIA ◗14 MING ○21 NOVA ◖29 CRES

07 Dia da Independência do Brasil
22 a **26** JusLover

TAREFAS

INFORMATIVO STF

☐ visto ☐ revisado

Obs: ____________________

____

SAB 13

DOM 14

SEG 08

QUI 11

SEX 12

sono

+	•	•	•	•	•	•	•
12	•	•	•	•	•	•	•
10	•	•	•	•	•	•	•
8	•	•	•	•	•	•	•
6	•	•	•	•	•	•	•
4	•	•	•	•	•	•	•
-	•	•	•	•	•	•	•
	seg	ter	qua	qui	sex	sab	dom

TER 09

QUA 10

humor

	seg	ter	qua	qui	sex	sab	dom
	•	•	•	•	•	•	•
	•	•	•	•	•	•	•
	•	•	•	•	•	•	•
	•	•	•	•	•	•	•
	•	•	•	•	•	•	•
	•	•	•	•	•	•	•
	•	•	•	•	•	•	•

EVENTOS

Acompanhamento de Simulados

Para o que estou estudando?

Disciplina	Tema	Qtd.	Acertos	Aproveitamento	Evolução
				10 … 100	MELHOR / PIOR
				10 … 100	MELHOR / PIOR
				10 … 100	MELHOR / PIOR
				10 … 100	MELHOR / PIOR
				10 … 100	MELHOR / PIOR
				10 … 100	MELHOR / PIOR
				10 … 100	MELHOR / PIOR
				10 … 100	MELHOR / PIOR
				10 … 100	MELHOR / PIOR
				10 … 100	MELHOR / PIOR

SETEMBRO

08 Segunda

OBJETIVO DO DIA

AFIRME-SE

7

8

9

10

11

12

1

2

3

4

5

6

7

8

9

10

11

TEMPO DE ESTUDOS

expectativa realidade

○ café da manhã ○ almoço ○ snacks ○ jantar

TEM QUE SER FEITO SEM FALTA!!

1.
2.
3.

ÁGUA

o que deu certo?

podia ser melhor se...

anotações

Eu gosto do impossível, lá a concorrência é menor. – Walt Disney
por **@_study_mi**

SETEMBRO

09 Terça

AFIRME-SE

7

8

9

10

11

12

1

2

3

4

5

6

7

8

9

10

11

OBJETIVO DO DIA

TEMPO DE ESTUDOS

expectativa realidade

café da manhã almoço snacks jantar

TEM QUE SER FEITO SEM FALTA!!

1

2

3

ÁGUA

o que deu certo?

podia ser melhor se...

anotações

Caminhe com segurança e constância, porque tudo chegará na hora exata e mais oportuna. – Carlos Torres Pastorino

por **@magistradaemformacao**

SETEMBRO

10 Quarta

OBJETIVO DO DIA

AFIRME-SE

7

8

9

10

11

12

1

2

3

4

5

6

7

8

9

10

11

TEMPO DE ESTUDOS

expectativa

realidade

café da manhã

almoço

snacks

jantar

TEM QUE SER FEITO SEM FALTA!!

1

2

3

ÁGUA

o que deu certo?

podia ser melhor se...

anotações

Nunca se deve engatinhar quando o impulso é voar.
– Helen Keller

SETEMBRO

11 Quinta

AFIRME-SE

7

8

9

10

11

12

1

2

3

4

5

6

7

8

9

10

11

OBJETIVO DO DIA

TEMPO DE ESTUDOS

expectativa realidade

café da manhã almoço snacks jantar

TEM QUE SER FEITO SEM FALTA!!

1

2

3

ÁGUA

o que deu certo?

podia ser melhor se...

anotações

O homem nasceu para aprender tanto quanto a vida lhe permita. – Guimarães Rosa

SETEMBRO

12 Sexta

OBJETIVO DO DIA

AFIRME-SE

TEMPO DE ESTUDOS

expectativa

realidade

café da manhã | almoço | snacks | jantar

TEM QUE SER FEITO SEM FALTA!!

1
2
3

7
8
9
10
11
12
1
2
3
4
5
6
7
8
9
10
11

ÁGUA

o que deu certo?

podia ser melhor se...

anotações

Onde há estudo, há sabedoria. – Textos Judaicos

SETEMBRO

13 Sábado

AFIRME-SE

7

8

9

10

11

12

1

2

3

4

5

6

7

8

9

10

11

OBJETIVO DO DIA

TEMPO DE ESTUDOS

expectativa *realidade*

○ *café da manhã* ○ *almoço* ○ *snacks* ○ *jantar*

TEM QUE SER FEITO SEM FALTA!!

1

2

3

ÁGUA

o que deu certo?

podia ser melhor se...

anotações

Cada sonho que você deixa para trás é um pedaço do seu futuro que deixa de existir. – Steve Jobs

SETEMBRO

14 Domingo

AFIRME-SE

OBJETIVO DO DIA

TEMPO DE ESTUDOS

expectativa

realidade

café da manhã
almoço
snacks
jantar

TEM QUE SER FEITO SEM FALTA!!

1
2
3

ÁGUA

o que deu certo?

podia ser melhor se...

anotações

7
8
9
10
11
12
1
2
3
4
5
6
7
8
9
10
11

Aquele que cometeu um erro e não corrigiu está cometendo outro erro. – Confúcio

set

SEG	TER	QUA	QUI	SEX	SÁB	DOM
1	2	3	4	5	6	**7**
8	9	10	11	12	13	14
15	16	17	18	19	20	21
22	**23**	**24**	**25**	**26**	27	28
29	30	1	2	3	4	5

●07 CHEIA ◗14 MING ○21 NOVA ◖29 CRES

07 Dia da Independência do Brasil
22 a **26** JusLover

SEG 15

TER 16

QUA 17

QUI 18

humor

	seg	ter	qua	qui	sex	sab	dom
😍	•	•	•	•	•	•	•
😃	•	•	•	•	•	•	•
🙂	•	•	•	•	•	•	•
😐	•	•	•	•	•	•	•
🙁	•	•	•	•	•	•	•
😠	•	•	•	•	•	•	•
😵	•	•	•	•	•	•	•

TAREFAS

SEX 19

INFORMATIVO STF

☐ visto ☐ revisado

Obs: ____________________

____

EVENTOS

SAB 20

DOM 21

sono

	seg	ter	qua	qui	sex	sab	dom
+	•	•	•	•	•	•	•
12	•	•	•	•	•	•	•
10	•	•	•	•	•	•	•
8	•	•	•	•	•	•	•
6	•	•	•	•	•	•	•
4	•	•	•	•	•	•	•
-	•	•	•	•	•	•	•

Acompanhamento de Simulados

Para o que estou estudando?

____

Disciplina	Tema	Qtd.	Acertos	Aproveitamento	Evolução
				10 … 100	MELHOR / PIOR
				10 … 100	MELHOR / PIOR
				10 … 100	MELHOR / PIOR
				10 … 100	MELHOR / PIOR
				10 … 100	MELHOR / PIOR
				10 … 100	MELHOR / PIOR
				10 … 100	MELHOR / PIOR
				10 … 100	MELHOR / PIOR
				10 … 100	MELHOR / PIOR
				10 … 100	MELHOR / PIOR

SETEMBRO

15 Segunda

AFIRME-SE

7

8

9

10

11

12

1

2

3

4

5

6

7

8

9

10

11

OBJETIVO DO DIA

TEMPO DE ESTUDOS

expectativa realidade

café da manhã ◯ almoço ◯ snacks ◯ jantar ◯

TEM QUE SER FEITO SEM FALTA!!

1

2

3

ÁGUA

o que deu certo?

podia ser melhor se...

anotações

O homem que removeu a montanha começou carregando as pedras. – Provérbio Chinês

SETEMBRO

16 Terça

AFIRME-SE

7
8
9
10
11
12
1
2
3
4
5
6
7
8
9
10
11

OBJETIVO DO DIA

TEMPO DE ESTUDOS

expectativa *realidade*

○ *café da manhã* ○ *almoço* ○ *snacks* ○ *jantar*

TEM QUE SER FEITO SEM FALTA!!

1
2
3

ÁGUA

o que deu certo?

podia ser melhor se...

anotações

A coisa mais difícil é a decisão de agir, o resto é apenas tenacidade. – Amelia Earhart

SETEMBRO

17 Quarta

AFIRME-SE

7

8

9

10

11

12

1

2

3

4

5

6

7

8

9

10

11

OBJETIVO DO DIA

TEMPO DE ESTUDOS

expectativa *realidade*

café da manhã *almoço* *snacks* *jantar*

TEM QUE SER FEITO SEM FALTA!!

1

2

3

ÁGUA

o que deu certo?

podia ser melhor se...

anotações

A mente que se abre a uma nova ideia jamais voltará ao seu tamanho original. – Oliver Wendell Holmes Jr.

SETEMBRO

18 Quinta

OBJETIVO DO DIA

AFIRME-SE

7

8

9

10

11

12

1

2

3

4

5

6

7

8

9

10

11

TEMPO DE ESTUDOS

expectativa

realidade

café da manhã

almoço

snacks

jantar

TEM QUE SER FEITO SEM FALTA!!

1

2

3

ÁGUA

o que deu certo?

podia ser melhor se...

anotações

A covardia é o medo aceito; a coragem é o medo dominado. – Lecouve

SETEMBRO

19 Sexta

AFIRME-SE

7

8

9

10

11

12

1

2

3

4

5

6

7

8

9

10

11

OBJETIVO DO DIA

TEMPO DE ESTUDOS

expectativa realidade

café da manhã almoço snacks jantar

TEM QUE SER FEITO SEM FALTA!!

1

2

3

ÁGUA

o que deu certo?

podia ser melhor se...

anotações

Você nunca sabe que resultados virão da sua ação, mas se você nunca fizer nada, não existirão resultados.
– Mahatma Gandhi

SETEMBRO

20 Sábado

OBJETIVO DO DIA

AFIRME-SE

7
8
9
10
11
12
1
2
3
4
5
6
7
8
9
10
11

TEMPO DE ESTUDOS

expectativa

realidade

café da manhã
almoço
snacks
jantar

TEM QUE SER FEITO SEM FALTA!!

1
2
3

ÁGUA

o que deu certo?

podia ser melhor se...

anotações

Esperar que a vida lhe trate bem porque você é uma boa pessoa é como esperar que um tigre não te ataque porque é vegetariano. – Bruce Lee

SETEMBRO

21 Domingo

AFIRME-SE

7

8

9

10

11

12

1

2

3

4

5

6

7

8

9

10

11

OBJETIVO DO DIA

TEMPO DE ESTUDOS

expectativa realidade

café da manhã almoço snacks jantar

TEM QUE SER FEITO SEM FALTA!!

1

2

3

ÁGUA

o que deu certo?

podia ser melhor se...

anotações

Seu futuro depende de muitas coisas, mas principalmente de você! – Frank Tyger

set

SEG	TER	QUA	QUI	SEX	SÁB	DOM
1	2	3	4	5	6	**7**
8	9	10	11	12	13	14
15	16	17	18	19	20	21
22	**23**	**24**	**25**	**26**	27	28
29	30	1	2	3	4	5

●07 CHEIA ◗14 MING ○21 NOVA ◖29 CRES

07 Dia da Independência do Brasil
22 a **26** JusLover

TAREFAS

INFORMATIVO STF

☐ visto ☐ revisado

Obs: ____________________

____

SAB 27

DOM 28

SEG 22

QUI 25

SEX 26

sono

+
12
10
8
6
4
-

seg ter qua qui sex sab dom

TER 23

QUA 24

humor

seg ter qua qui sex sab dom

EVENTOS

Acompanhamento de Simulados

Para o que estou estudando?

Disciplina	Tema	Qtd.	Acertos	Aproveitamento	Evolução
				10 … 100	MELHOR / PIOR
				10 … 100	MELHOR / PIOR
				10 … 100	MELHOR / PIOR
				10 … 100	MELHOR / PIOR
				10 … 100	MELHOR / PIOR
				10 … 100	MELHOR / PIOR
				10 … 100	MELHOR / PIOR
				10 … 100	MELHOR / PIOR
				10 … 100	MELHOR / PIOR
				10 … 100	MELHOR / PIOR

SETEMBRO

22 Segunda

OBJETIVO DO DIA

AFIRME-SE

JusLover

7	
8	
9	
10	
11	
12	
1	
2	
3	
4	
5	
6	
7	
8	
9	
10	
11	

TEMPO DE ESTUDOS

expectativa *realidade*

○ café da manhã ○ almoço ○ snacks ○ jantar

TEM QUE SER FEITO SEM FALTA!!

1.
2.
3.

ÁGUA

o que deu certo?

podia ser melhor se...

anotações

Lembe-se sempre: A única coisa que cai do céu é a chuva.
– Autor Anônimo

SETEMBRO

23 Terça

AFIRME-SE

JusLover

7

8

9

10

11

12

1

2

3

4

5

6

7

8

9

10

11

OBJETIVO DO DIA

TEMPO DE ESTUDOS

expectativa *realidade*

○ *café da manhã* ○ *almoço* ○ *snacks* ○ *jantar*

TEM QUE SER FEITO SEM FALTA!!

1.
2.
3.

ÁGUA

o que deu certo?

podia ser melhor se...

anotações

Quanto mais difícil fica, mais próximo está o sucesso.
– Chris Garrett

SETEMBRO

24 Quarta

OBJETIVO DO DIA

AFIRME-SE

JusLover

7

8

9

10

11

12

1

2

3

4

5

6

7

8

9

10

11

TEMPO DE ESTUDOS

expectativa realidade

café da manhã almoço snacks jantar

TEM QUE SER FEITO SEM FALTA!!

1.
2.
3.

ÁGUA

o que deu certo?

podia ser melhor se...

anotações

Você precisa manter o foco em sua jornada para realizar grandes coisas. – Les Brown

SETEMBRO

25 Quinta

AFIRME-SE

JusLover

7

8

9

10

11

12

1

2

3

4

5

6

7

8

9

10

11

OBJETIVO DO DIA

TEMPO DE ESTUDOS

expectativa realidade

café da manhã almoço snacks jantar

TEM QUE SER FEITO SEM FALTA!!

1.
2.
3.

ÁGUA

o que deu certo?

podia ser melhor se...

anotações

Qualquer uma hora a mais de estudo faz diferença.
– Autor Anônimo

SETEMBRO

26 Sexta

OBJETIVO DO DIA

TEMPO DE ESTUDOS

expectativa realidade

café da manhã almoço snacks jantar

TEM QUE SER FEITO SEM FALTA!!

1
2
3

ÁGUA

AFIRME-SE

JusLover

7
8
9
10
11
12
1
2
3
4
5
6
7
8
9
10
11

o que deu certo?

podia ser melhor se...

anotações

Prefiro a angústia da busca do que a paz da acomodação.
– Dom Resende Costa

SETEMBRO

27 Sábado

OBJETIVO DO DIA

AFIRME-SE

7

8

9

10

11

12

1

2

3

4

5

6

7

8

9

10

11

TEMPO DE ESTUDOS

expectativa realidade

café da manhã almoço snacks jantar

TEM QUE SER FEITO SEM FALTA!!

1

2

3

ÁGUA

o que deu certo?

podia ser melhor se...

anotações

Prometa-me que você sempre lembrará: Você é mais corajoso do que você acredita ser, mais forte do que você parece, e mais inteligente do que você pensa ser. – Alan Alexander Milne

SETEMBRO

28 Domingo

OBJETIVO DO DIA

AFIRME-SE

7

8

9

10

11

12

1

2

3

4

5

6

7

8

9

10

11

TEMPO DE ESTUDOS

expectativa realidade

café da manhã almoço snacks jantar

TEM QUE SER FEITO SEM FALTA!!

1

2

3

ÁGUA

o que deu certo?

podia ser melhor se...

anotações

Tenha a coragem de seguir seu coração e sua intuição. Eles de alguma forma já sabem o que você realmente quer se tornar. Tudo o mais é secundário. – Steve Jobs

anotações

Outubro

SEG	TER	QUA	QUI	SEX	SÁB	DOM
29	30	1	2	3	4	5
6	7	8	9	10	11	**12**
13	14	15	16	17	18	19
20	21	22	23	24	25	26
27	28	29	30	31	1	2

●07 CHEIA ◗13 MING ○21 NOVA ◖29 CRES

12 Dia das Crianças
12 Nossa Senhora Aparecida

out

SEG	TER	QUA	QUI	SEX	SÁB	DOM
		1	2	3	4	5
6	7	8	9	10	11	**12**
13	14	15	16	17	18	19
20	21	22	23	24	25	26
27	28	29	30	31		

● trabalho ■ pessoal
★ estudos ▲ cursos
◎ viagem

INFORMATIVOS STJ

___ / ___ / ___
☐ visto ☐ revisado
Obs: ______________________

___ / ___ / ___
☐ visto ☐ revisado
Obs: ______________________

ANIVERSÁRIOS

EDITAIS ABERTOS

① ______________________
② ______________________
③ ______________________

Controle de hábitos

	1	2	3	4	5	6	7	8	9	10	11	12	13	14	15	16	17	18	19	20	21	22	23	24	25	26	27	28	29	30	31

Finanças

GANHOS

total

GASTOS

total

total

TAREFAS

ANIVERSÁRIOS

EXTRAS

total

TOTAL DE GASTOS

POUPANÇA (GANHOS - GASTOS)

Metas do mês

Fluxo de estudos

	0	1h	2h	3h	4h	5h	6h	7h	8h	9h	10h	+
1												
2												
3												
4												
5												
6												
7												
8												
9												
10												
11												
12												
13												
14												
15												
16												
17												
18												
19												
20												
21												
22												
23												
24												
25												
26												
27												
28												
29												
30												
31												

out

SEG	TER	QUA	QUI	SEX	SÁB	DOM
29	30	1	2	3	4	5
6	7	8	9	10	11	**12**
13	14	15	16	17	18	19
20	21	22	23	24	25	26
27	28	29	30	31	1	2

●07 CHEIA ◗13 MING ○21 NOVA ◖29 CRES

12 Dia das Crianças
12 Nossa Senhora Aparecida

SEG 29

sono

	seg	ter	qua	qui	sex	sab	dom
+							
12							
10							
8							
6							
4							
-							

TER 30

QUA 01

QUI 02

EVENTOS

TAREFAS

INFORMATIVO STF

☐ visto ☐ revisado

Obs: ______________________

____

SEX 03

SAB 04

DOM 05

humor

seg ter qua qui sex sab dom

Acompanhamento de Simulados

Para o que estou estudando?

____

Disciplina	Tema	Qtd.	Acertos	Aproveitamento	Evolução
				10 … 100	MELHOR / PIOR
				10 … 100	MELHOR / PIOR
				10 … 100	MELHOR / PIOR
				10 … 100	MELHOR / PIOR
				10 … 100	MELHOR / PIOR
				10 … 100	MELHOR / PIOR
				10 … 100	MELHOR / PIOR
				10 … 100	MELHOR / PIOR
				10 … 100	MELHOR / PIOR
				10 … 100	MELHOR / PIOR

SETEMBRO

29 Segunda

OBJETIVO DO DIA

AFIRME-SE

7
8
9
10
11
12
1
2
3
4
5
6
7
8
9
10
11

TEMPO DE ESTUDOS

expectativa realidade

café da manhã | almoço | snacks | jantar

TEM QUE SER FEITO SEM FALTA!!

1
2
3

ÁGUA

o que deu certo?

podia ser melhor se...

anotações

As grandes obras são executadas, não pela força, mas pela perseverança. – Samuel Johnson
por **@corujinha_juridica**

SETEMBRO

30 Terça

OBJETIVO DO DIA

AFIRME-SE

7

8

9

10

11

12

1

2

3

4

5

6

7

8

9

10

11

TEMPO DE ESTUDOS

expectativa

realidade

café da manhã almoço snacks jantar

TEM QUE SER FEITO SEM FALTA!!

1

2

3

ÁGUA

o que deu certo?

podia ser melhor se...

anotações

Não desista em dias ruins. Lute pelos seus sonhos.
por **@coisasdeconcurseira**

OUTUBRO

01 Quarta

AFIRME-SE

7

8

9

10

11

12

1

2

3

4

5

6

7

8

9

10

11

OBJETIVO DO DIA

TEMPO DE ESTUDOS

expectativa realidade

café da manhã almoço snacks jantar

TEM QUE SER FEITO SEM FALTA!!

1

2

3

ÁGUA

o que deu certo?

podia ser melhor se...

anotações

Quanto sonhos você tem deixado de lado, apenas pelo medo de tentar?

por **@juizadotrabalho**

OUTUBRO

02 Quinta

OBJETIVO DO DIA

AFIRME-SE

7

8

9

10

11

12

1

2

3

4

5

6

7

8

9

10

11

TEMPO DE ESTUDOS

expectativa

realidade

café da manhã · almoço · snacks · jantar

TEM QUE SER FEITO SEM FALTA!!

1

2

3

ÁGUA

o que deu certo?

podia ser melhor se...

anotações

Os investimentos em conhecimento geram os melhores dividendos. – Benjamin Franklin

por **@isadoramradv**

OUTUBRO

03 Sexta

AFIRME-SE

7

8

9

10

11

12

1

2

3

4

5

6

7

8

9

10

11

OBJETIVO DO DIA

TEMPO DE ESTUDOS

expectativa *realidade*

○ *café da manhã* ○ *almoço* ○ *snacks* ○ *jantar*

TEM QUE SER FEITO SEM FALTA!!

①

②

③

ÁGUA

o que deu certo?

podia ser melhor se...

anotações

Não tem segredo: comece hoje, usando o que você tem – a situação ideal que esperamos pode não acontecer. Dê o seu melhor e acredite verdadeiramente no seu potencial.
por **@focodeconcurseira**

OUTUBRO

04 Sábado

OBJETIVO DO DIA

AFIRME-SE

7

8

9

10

11

12

1

2

3

4

5

6

7

8

9

10

11

TEMPO DE ESTUDOS

expectativa

realidade

café da manhã
almoço
snacks
jantar

TEM QUE SER FEITO SEM FALTA!!

1

2

3

ÁGUA

o que deu certo?

podia ser melhor se...

anotações

Você só vai conseguir pescar a sua vitória, o dia que não tiver medo de lançar sua rede na correnteza da vida.
– Lucas Ferreira
por **@queropossoconsigo**

OUTUBRO

05 Domingo

AFIRME-SE

7

8

9

10

11

12

1

2

3

4

5

6

7

8

9

10

11

OBJETIVO DO DIA

TEMPO DE ESTUDOS

expectativa realidade

◯ café da manhã ◯ almoço ◯ snacks ◯ jantar

TEM QUE SER FEITO SEM FALTA!!

①

②

③

ÁGUA

o que deu certo?

podia ser melhor se...

anotações

Sempre haverá outra chance para sanar os seus erros, inclusive os sérios. Fracasso não é cair, mas ficar embaixo.
– Mary Piekford
por **@criminais**

out

SEG	TER	QUA	QUI	SEX	SÁB	DOM
29	30	1	2	3	4	5
6	7	8	9	10	11	**12**
13	14	15	16	17	18	19
20	21	22	23	24	25	26
27	28	29	30	31	1	2

●07 CHEIA ◗13 MING ○21 NOVA ◖29 CRES

12 Dia das Crianças
12 Nossa Senhora Aparecida

SEG 06

TER 07

QUA 08

QUI 09

SEX 10

SAB 11

DOM 12

TAREFAS

INFORMATIVO STF

☐ visto ☐ revisado

Obs: ____________________

____

sono

	seg	ter	qua	qui	sex	sab	dom
+							
12							
10							
8							
6							
4							
-							

EVENTOS

humor

	seg	ter	qua	qui	sex	sab	dom

Acompanhamento de Simulados

Para o que estou estudando?

Disciplina	Tema	Qtd.	Acertos	Aproveitamento	Evolução
				10 … 100	MELHOR / PIOR
				10 … 100	MELHOR / PIOR
				10 … 100	MELHOR / PIOR
				10 … 100	MELHOR / PIOR
				10 … 100	MELHOR / PIOR
				10 … 100	MELHOR / PIOR
				10 … 100	MELHOR / PIOR
				10 … 100	MELHOR / PIOR
				10 … 100	MELHOR / PIOR
				10 … 100	MELHOR / PIOR

OUTUBRO

06 Segunda

OBJETIVO DO DIA

AFIRME-SE

TEMPO DE ESTUDOS

expectativa

realidade

café da manhã almoço snacks jantar

7
8
9
10
11
12
1
2
3
4
5
6
7
8
9
10
11

TEM QUE SER FEITO SEM FALTA!!

1
2
3

ÁGUA

o que deu certo?

podia ser melhor se...

anotações

O desafio não é esperar que seja a escolha certa, mas confiar em que é a escolha certa. – David Allen
por **@concursandanostribunais**

OUTUBRO

07 Terça

AFIRME-SE

7

8

9

10

11

12

1

2

3

4

5

6

7

8

9

10

11

OBJETIVO DO DIA

TEMPO DE ESTUDOS

expectativa realidade

○ café da manhã ○ almoço ○ snacks ○ jantar

TEM QUE SER FEITO SEM FALTA!!

1

2

3

ÁGUA

o que deu certo?

podia ser melhor se...

anotações

Eu não sou o que me aconteceu. Eu sou quem eu escolho me tornar. – Carl Jung

por **@_study_mi**

OUTUBRO

08 Quarta

OBJETIVO DO DIA

AFIRME-SE

7	
8	
9	
10	
11	
12	
1	
2	
3	
4	
5	
6	
7	
8	
9	
10	
11	

TEMPO DE ESTUDOS

expectativa *realidade*

○ *café da manhã* ○ *almoço* ○ *snacks* ○ *jantar*

TEM QUE SER FEITO SEM FALTA!!

1.
2.
3.

ÁGUA

o que deu certo?

podia ser melhor se...

anotações

Há um mundo cheio de pessoas incríveis para conhecer, lugares para visitar e histórias esperando para serem vividas. Não desanime. – Daniel Duarte (Siga os Balões) por **@magistradaemformacao**

OUTUBRO

09 Quinta

AFIRME-SE

7

8

9

10

11

12

1

2

3

4

5

6

7

8

9

10

11

OBJETIVO DO DIA

TEMPO DE ESTUDOS

expectativa

realidade

○ café da manhã ○ almoço ○ snacks ○ jantar

TEM QUE SER FEITO SEM FALTA!!

1

2

3

ÁGUA

o que deu certo?

podia ser melhor se...

anotações

O simples fato de não estarmos onde gostaríamos em nossas vidas, não significa que não estaremos lá em breve. Significa simplesmente que ainda não estamos prontos. Apenas confie nisso. – Yehuda Berg
por **@magistradaemformacao**

OUTUBRO

10 Sexta

OBJETIVO DO DIA

AFIRME-SE

7	
8	
9	
10	
11	
12	
1	
2	
3	
4	
5	
6	
7	
8	
9	
10	
11	

TEMPO DE ESTUDOS

expectativa *realidade*

○ *café da manhã* ○ *almoço* ○ *snacks* ○ *jantar*

TEM QUE SER FEITO SEM FALTA!!

1.
2.
3.

ÁGUA

o que deu certo?

podia ser melhor se...

anotações

Suba o primeiro degrau com fé. Não é necessário que você veja toda a escada. Apenas dê o primeiro passo. – Martin Luther King

OUTUBRO

11 Sábado

AFIRME-SE

7

8

9

10

11

12

1

2

3

4

5

6

7

8

9

10

11

OBJETIVO DO DIA

TEMPO DE ESTUDOS

expectativa realidade

café da manhã almoço snacks jantar

TEM QUE SER FEITO SEM FALTA!!

1
2
3

ÁGUA

o que deu certo?

podia ser melhor se...

anotações

Não acredito em circunstância: os indivíduos de sucesso são aqueles que saem e procuram as condições que desejam; e, se não as encontram, criam-nas. – George Bernard Shaw

OUTUBRO

12 Domingo

AFIRME-SE

Dia das Crianças – Nossa Senhora Aparecida

7

8

9

10

11

12

1

2

3

4

5

6

7

8

9

10

11

OBJETIVO DO DIA

TEMPO DE ESTUDOS

expectativa realidade

café da manhã | almoço | snacks | jantar

TEM QUE SER FEITO SEM FALTA!!

1

2

3

ÁGUA

o que deu certo?

podia ser melhor se...

anotações

Não desista nas primeiras tentativas, a persistência é amiga da conquista. Se você quer chegar aonde a maioria não chega, faça o que a maioria não faz. – Bill Gates

out

SEG	TER	QUA	QUI	SEX	SÁB	DOM
29	30	1	2	3	4	5
6	7	8	9	10	11	**12**
13	14	15	16	17	18	19
20	21	22	23	24	25	26
27	28	29	30	31	1	2

●07 CHEIA ◗13 MING ○21 NOVA ◖29 CRES

12 Dia das Crianças
12 Nossa Senhora Aparecida

TAREFAS

INFORMATIVO STF

☐ visto ☐ revisado

Obs: ____________________

____

SAB 18

DOM 19

SEG 13

TER 14

QUI 16

SEX 17

sono

	seg	ter	qua	qui	sex	sab	dom
+							
12							
10							
8							
6							
4							
-							

QUA 15

EVENTOS

humor

seg ter qua qui sex sab dom

Acompanhamento de Simulados

Para o que estou estudando?

Disciplina	Tema	Qtd.	Acertos	Aproveitamento	Evolução
				10 … 100	MELHOR / PIOR
				10 … 100	MELHOR / PIOR
				10 … 100	MELHOR / PIOR
				10 … 100	MELHOR / PIOR
				10 … 100	MELHOR / PIOR
				10 … 100	MELHOR / PIOR
				10 … 100	MELHOR / PIOR
				10 … 100	MELHOR / PIOR
				10 … 100	MELHOR / PIOR
				10 … 100	MELHOR / PIOR

OUTUBRO

13 Segunda

OBJETIVO DO DIA

AFIRME-SE

7

8

9

10

11

12

1

2

3

4

5

6

7

8

9

10

11

TEMPO DE ESTUDOS

expectativa realidade

café da manhã almoço snacks jantar

TEM QUE SER FEITO SEM FALTA!!

1

2

3

ÁGUA

o que deu certo?

podia ser melhor se...

anotações

Os problemas são oportunidades para se mostrar o que sabe. – Duke Ellington

OUTUBRO
14 Terça

OBJETIVO DO DIA

AFIRME-SE

7
8
9
10
11
12
1
2
3
4
5
6
7
8
9
10
11

TEMPO DE ESTUDOS

expectativa realidade

café da manhã almoço snacks jantar

TEM QUE SER FEITO SEM FALTA!!

1
2
3

ÁGUA

o que deu certo?

podia ser melhor se...

anotações

Então...vá em frente. Caia. O mundo parece diferente do chão. – Oprah Winfrey

OUTUBRO

15 Quarta

AFIRME-SE

7

8

9

10

11

12

1

2

3

4

5

6

7

8

9

10

11

OBJETIVO DO DIA

TEMPO DE ESTUDOS

expectativa realidade

café da manhã almoço snacks jantar

TEM QUE SER FEITO SEM FALTA!!

1

2

3

ÁGUA

o que deu certo?

podia ser melhor se...

anotações

Tente de novo. Fracasse de novo. Mas fracasse melhor.
– Samuel Beckett

OUTUBRO

16 Quinta

OBJETIVO DO DIA

AFIRME-SE

7

8

9

10

11

12

1

2

3

4

5

6

7

8

9

10

11

TEMPO DE ESTUDOS

expectativa | realidade

café da manhã | almoço | snacks | jantar

TEM QUE SER FEITO SEM FALTA!!

1.
2.
3.

ÁGUA

o que deu certo?

podia ser melhor se...

anotações

Aprendi que mais vale lutar do que recolher dinheiro fácil. Antes acreditar do que duvidar. – Cora Coralina

OUTUBRO

17 Sexta

AFIRME-SE

7

8

9

10

11

12

1

2

3

4

5

6

7

8

9

10

11

OBJETIVO DO DIA

TEMPO DE ESTUDOS

expectativa realidade

café da manhã ○ almoço ○ snacks ○ jantar

TEM QUE SER FEITO SEM FALTA!!

1

2

3

ÁGUA

o que deu certo?

podia ser melhor se...

anotações

O verdadeiro heroísmo consiste em persistir por mais um momento, quando tudo parece perdido. – W. F. Grenfel

OUTUBRO

18 Sábado

OBJETIVO DO DIA

AFIRME-SE

TEMPO DE ESTUDOS

expectativa

realidade

café da manhã / almoço / snacks / jantar

7
8
9
10
11
12
1
2
3
4
5
6
7
8
9
10
11

TEM QUE SER FEITO SEM FALTA!!

1
2
3

ÁGUA

o que deu certo?

podia ser melhor se...

anotações

Mesmo que já tenhas feito uma longa caminhada, há sempre um novo caminho a fazer. – Santo Agostinho

OUTUBRO

19 Domingo

AFIRME-SE

7

8

9

10

11

12

1

2

3

4

5

6

7

8

9

10

11

OBJETIVO DO DIA

TEMPO DE ESTUDOS

expectativa

realidade

café da manhã ◯ almoço ◯ snacks ◯ jantar

TEM QUE SER FEITO SEM FALTA!!

1

2

3

ÁGUA

o que deu certo?

podia ser melhor se...

anotações

Na prosperidade, nossos amigos nos conhecem; na adversidade, nós é que conhecemos nossos amigos.
– Churton Collins

out

SEG	TER	QUA	QUI	SEX	SÁB	DOM
29	30	1	2	3	4	5
6	7	8	9	10	11	**12**
13	14	15	16	17	18	19
20	21	22	23	24	25	26
27	28	29	30	31	1	2

●07 CHEIA ◗13 MING ○21 NOVA ◖29 CRES

12 Dia das Crianças
12 Nossa Senhora Aparecida

TAREFAS

INFORMATIVO STF

☐ visto ☐ revisado

Obs: ____________________

____

SAB 25

DOM 26

SEG 20

TER 21

QUI 23

SEX 24

sono

	seg	ter	qua	qui	sex	sab	dom
+							
12							
10							
8							
6							
4							
-							

QUA 22

EVENTOS

humor

seg ter qua qui sex sab dom

Acompanhamento de Simulados

Para o que estou estudando?

Disciplina	Tema	Qtd.	Acertos	Aproveitamento	Evolução
				10 … 100	MELHOR / PIOR
				10 … 100	MELHOR / PIOR
				10 … 100	MELHOR / PIOR
				10 … 100	MELHOR / PIOR
				10 … 100	MELHOR / PIOR
				10 … 100	MELHOR / PIOR
				10 … 100	MELHOR / PIOR
				10 … 100	MELHOR / PIOR
				10 … 100	MELHOR / PIOR
				10 … 100	MELHOR / PIOR

OUTUBRO

20 Segunda

OBJETIVO DO DIA

AFIRME-SE

7	
8	
9	
10	
11	
12	
1	
2	
3	
4	
5	
6	
7	
8	
9	
10	
11	

TEMPO DE ESTUDOS

expectativa ______ realidade ______

◯ café da manhã ◯ almoço ◯ snacks ◯ jantar

TEM QUE SER FEITO SEM FALTA!!

1. ______
2. ______
3. ______

ÁGUA

o que deu certo?

podia ser melhor se...

anotações

A felicidade não está em fazer o que a gente quer, e sim querer o que a gente faz. – Jean Paul Sartre

OUTUBRO

21 Terça

AFIRME-SE

7

8

9

10

11

12

1

2

3

4

5

6

7

8

9

10

11

OBJETIVO DO DIA

TEMPO DE ESTUDOS

expectativa

realidade

café da manhã almoço snacks jantar

TEM QUE SER FEITO SEM FALTA!!

1
2
3

ÁGUA

o que deu certo?

podia ser melhor se...

anotações

Nada acontece a menos que sonhemos antes. – Carl Sandburg

OUTUBRO

22 Quarta

OBJETIVO DO DIA

AFIRME-SE

7	
8	
9	
10	
11	
12	
1	
2	
3	
4	
5	
6	
7	
8	
9	
10	
11	

TEMPO DE ESTUDOS

expectativa *realidade*

◯ *café da manhã* ◯ *almoço* ◯ *snacks* ◯ *jantar*

TEM QUE SER FEITO SEM FALTA!!

1.
2.
3.

ÁGUA

o que deu certo?

podia ser melhor se...

anotações

É sempre divertido fazer o impossível. – Walt Disney

OUTUBRO
23 Quinta

OBJETIVO DO DIA

AFIRME-SE

7

8

9

10

11

12

1

2

3

4

5

6

7

8

9

10

11

TEMPO DE ESTUDOS

expectativa *realidade*

○ *café da manhã* ○ *almoço* ○ *snacks* ○ *jantar*

TEM QUE SER FEITO SEM FALTA!!

1

2

3

ÁGUA

o que deu certo?

podia ser melhor se...

anotações

Experiência é o nome que cada um dá a seus erros.
– Oscar Wilde

OUTUBRO
24 Sexta

OBJETIVO DO DIA

AFIRME-SE

7
8
9
10
11
12
1
2
3
4
5
6
7
8
9
10
11

TEMPO DE ESTUDOS

expectativa realidade

café da manhã almoço snacks jantar

TEM QUE SER FEITO SEM FALTA!!

1
2
3

ÁGUA

o que deu certo?

podia ser melhor se...

anotações

Então vem sempre aquela voz me dizer que: O começo é sempre hoje. – Mary Shelley

OUTUBRO

25 Sábado

AFIRME-SE

7

8

9

10

11

12

1

2

3

4

5

6

7

8

9

10

11

OBJETIVO DO DIA

TEMPO DE ESTUDOS

expectativa realidade

○ café da manhã ○ almoço ○ snacks ○ jantar

TEM QUE SER FEITO SEM FALTA!!

1.
2.
3.

ÁGUA

o que deu certo?

podia ser melhor se...

anotações

Prefiro os erros do entusiasmo à indiferença da sabedoria.
– Anatole France

OUTUBRO

26 Domingo

OBJETIVO DO DIA

AFIRME-SE

7

8

9

10

11

12

1

2

3

4

5

6

7

8

9

10

11

TEMPO DE ESTUDOS

expectativa *realidade*

café da manhã ○ almoço ○ snacks ○ jantar

TEM QUE SER FEITO SEM FALTA!!

1

2

3

ÁGUA

o que deu certo?

podia ser melhor se...

anotações

A arte de ser ora audacioso, ora prudente, é a arte de vencer. – Napoleão Bonaparte

out

SEG	TER	QUA	QUI	SEX	SÁB	DOM
29	30	1	2	3	4	5
6	7	8	9	10	11	**12**
13	14	15	16	17	18	19
20	21	22	23	24	25	26
27	28	29	30	31	1	2

●07 CHEIA ◗13 MING ○21 NOVA ◖29 CRES

12 Dia das Crianças
12 Nossa Senhora Aparecida

TAREFAS

INFORMATIVO STF

☐ visto ☐ revisado

Obs: ____________________

____

SAB 01

DOM 02

SEG 27

TER 28

QUI 30

SEX 31

sono

+
12
10
8
6
4
-

seg ter qua qui sex sab dom

QUA 29

EVENTOS

humor

seg ter qua qui sex sab dom

Acompanhamento de Simulados

Para o que estou estudando?

Disciplina	Tema	Qtd.	Acertos	Aproveitamento	Evolução
				10 … 100	MELHOR / PIOR
				10 … 100	MELHOR / PIOR
				10 … 100	MELHOR / PIOR
				10 … 100	MELHOR / PIOR
				10 … 100	MELHOR / PIOR
				10 … 100	MELHOR / PIOR
				10 … 100	MELHOR / PIOR
				10 … 100	MELHOR / PIOR
				10 … 100	MELHOR / PIOR
				10 … 100	MELHOR / PIOR

OUTUBRO

27 Segunda

OBJETIVO DO DIA

AFIRME-SE

7

8

9

10

11

12

1

2

3

4

5

6

7

8

9

10

11

TEMPO DE ESTUDOS

expectativa realidade

café da manhã / almoço / snacks / jantar

TEM QUE SER FEITO SEM FALTA!!

1.
2.
3.

ÁGUA

o que deu certo?

podia ser melhor se...

anotações

A vida é uma tempestade, meu amigo. Um dia você está tomando sol e no dia seguinte o mar te lança contra as rochas. O que faz de você um homem é o que você faz quando a tempestade vem. – Alexandre Dumas (pai)
por **@jurisconsultt**

OUTUBRO

28 Terça

OBJETIVO DO DIA

TEMPO DE ESTUDOS

expectativa realidade

AFIRME-SE

café da manhã almoço snacks jantar

TEM QUE SER FEITO SEM FALTA!!

1
2
3

7	
8	
9	
10	
11	
12	
1	
2	
3	
4	
5	
6	
7	
8	
9	
10	
11	

ÁGUA

o que deu certo?

podia ser melhor se...

anotações

Se você pode sonhar, você pode fazer. – Walt Disney

por **@euvoupassei**

OUTUBRO

29 Quarta

AFIRME-SE

7

8

9

10

11

12

1

2

3

4

5

6

7

8

9

10

11

OBJETIVO DO DIA

TEMPO DE ESTUDOS

expectativa ____ realidade ____

◯ café da manhã ◯ almoço ◯ snacks ◯ jantar

TEM QUE SER FEITO SEM FALTA!!

1. ____
2. ____
3. ____

ÁGUA

o que deu certo?

podia ser melhor se...

anotações

O resultado da sua aprovação é construído todos os dias.
– Autor Anônimo
por **@concurseiroiniciantee**

OUTUBRO

30 Quinta

OBJETIVO DO DIA

AFIRME-SE

7

8

9

10

11

12

1

2

3

4

5

6

7

8

9

10

11

TEMPO DE ESTUDOS

expectativa realidade

café da manhã almoço snacks jantar

TEM QUE SER FEITO SEM FALTA!!

1.
2.
3.

ÁGUA

o que deu certo?

podia ser melhor se...

anotações

Eu nunca sonhei com o sucesso, eu trabalhei por ele.
– Estée Lauder
por **@_focanoconcurso**

OUTUBRO

31 Sexta

AFIRME-SE

7

8

9

10

11

12

1

2

3

4

5

6

7

8

9

10

11

OBJETIVO DO DIA

TEMPO DE ESTUDOS

expectativa realidade

café da manhã almoço snacks jantar

TEM QUE SER FEITO SEM FALTA!!

1

2

3

ÁGUA

o que deu certo?

podia ser melhor se...

anotações

O que posso fazer pela sorte é garantir que ela me encontre preparado. – Autor Anônimo
por **@focojoy**

NOVEMBRO

01 Sábado

OBJETIVO DO DIA

TEMPO DE ESTUDOS

expectativa

realidade

café da manhã almoço snacks jantar

AFIRME-SE

7

8

9

10

11

12

1

2

3

4

5

6

7

8

9

10

11

TEM QUE SER FEITO SEM FALTA!!

1

2

3

ÁGUA

o que deu certo?

podia ser melhor se...

anotações

Não importa o quão devagar você está. A evolução deve ser constante e o tempo vai passar de qualquer forma. por **@concurseiralavoueu**

NOVEMBRO

02 Domingo

OBJETIVO DO DIA

AFIRME-SE

Finados

7

8

9

10

11

12

1

2

3

4

5

6

7

8

9

10

11

TEMPO DE ESTUDOS

expectativa realidade

café da manhã almoço snacks jantar

TEM QUE SER FEITO SEM FALTA!!

1.
2.
3.

ÁGUA

o que deu certo?

podia ser melhor se...

anotações

Mentalize a sua futura aprovação. – Autor Anônimo
por **@vouser.juiza**

Novembro

SEG	TER	QUA	QUI	SEX	SÁB	DOM
27	28	29	30	31	1	**2**
3	**4**	**5**	**6**	**7**	8	9
10	11	12	13	14	**15**	16
17	18	19	**20**	21	22	23
24	25	26	27	28	29	30

●05 CHEIA ◗12 MING ○20 NOVA ◖28 CRES

02 Finados
03 a **07** Black Friday Juspodivm
15 Proclamação da República
20 Dia Nacional da Consciência Negra

nov

SEG	TER	QUA	QUI	SEX	SÁB	DOM
					1	**2**
3	**4**	**5**	**6**	**7**	8	9
10	11	12	13	14	**15**	16
17	18	19	**20**	21	22	23
24	25	26	27	28	29	30

● *trabalho* ★ *estudos* ◎ *viagem*
■ *pessoal* ▲ *cursos*

ANIVERSÁRIOS

INFORMATIVOS STJ

___ / ___ / ____

☐ visto ☐ revisado

Obs: ____________________

___ / ___ / ____

☐ visto ☐ revisado

Obs: ____________________

EDITAIS ABERTOS

① ____________________

② ____________________

③ ____________________

Controle de hábitos

	1	2	3	4	5	6	7	8	9	10	11	12	13	14	15	16	17	18	19	20	21	22	23	24	25	26	27	28	29	30

Finanças

GANHOS

total

GASTOS

total

total

EXTRAS

total

TAREFAS

TOTAL DE GASTOS

POUPANÇA (GANHOS - GASTOS)

Metas do mês

Fluxo de estudos

	0	1h	2h	3h	4h	5h	6h	7h	8h	9h	10h	+
1												
2												
3												
4												
5												
6												
7												
8												
9												
10												
11												
12												
13												
14												
15												
16												
17												
18												
19												
20												
21												
22												
23												
24												
25												
26												
27												
28												
29												
30												

nov

SEG	TER	QUA	QUI	SEX	SÁB	DOM
27	28	29	30	31	1	**2**
3	**4**	**5**	**6**	**7**	8	9
10	11	12	13	14	**15**	16
17	18	19	**20**	21	22	23
24	25	26	27	28	29	30

●05 CHEIA ◗12 MING ○20 NOVA ◖28 CRES

02 Finados
03 a **07** Black Friday Juspodivm
15 Proclamação da República
20 Dia Nacional da Consciência Negra

SEG 03

TER 04

QUA 05

QUI 06

TAREFAS

EVENTOS

SEX 07

INFORMATIVO STF

☐ visto ☐ revisado

Obs: ____________________

____

sono

+	·	·	·	·	·	·	·
12	·	·	·	·	·	·	·
10	·	·	·	·	·	·	·
8	·	·	·	·	·	·	·
6	·	·	·	·	·	·	·
4	·	·	·	·	·	·	·
-	·	·	·	·	·	·	·
	seg	ter	qua	qui	sex	sab	dom

SAB 08

DOM 09

humor

seg ter qua qui sex sab dom

Acompanhamento de Simulados

Para o que estou estudando?

Disciplina	Tema	Qtd.	Acertos	Aproveitamento	Evolução
				10 … 100	MELHOR / PIOR
				10 … 100	MELHOR / PIOR
				10 … 100	MELHOR / PIOR
				10 … 100	MELHOR / PIOR
				10 … 100	MELHOR / PIOR
				10 … 100	MELHOR / PIOR
				10 … 100	MELHOR / PIOR
				10 … 100	MELHOR / PIOR
				10 … 100	MELHOR / PIOR
				10 … 100	MELHOR / PIOR

NOVEMBRO

03 Segunda

OBJETIVO DO DIA

AFIRME-SE

Black Friday Juspodivm

7

8

9

10

11

12

1

2

3

4

5

6

7

8

9

10

11

TEMPO DE ESTUDOS

expectativa

realidade

café da manhã

almoço

snacks

jantar

TEM QUE SER FEITO SEM FALTA!!

1.

2.

3.

ÁGUA

o que deu certo?

podia ser melhor se...

anotações

Seja corajoso. Mesmo que você não seja, finja ser. Ninguém nota a diferença. – H. Jackson Brown Jr.

NOVEMBRO

04 Terça

OBJETIVO DO DIA

AFIRME-SE

Black Friday Juspodivm

7

8

9

10

11

12

1

2

3

4

5

6

7

8

9

10

11

TEMPO DE ESTUDOS

expectativa realidade

café da manhã · almoço · snacks · jantar

TEM QUE SER FEITO SEM FALTA!!

1.
2.
3.

ÁGUA

o que deu certo?

podia ser melhor se...

anotações

Não somos responsáveis apenas pelo que fazemos, mas também pelo que deixamos de fazer. – Molière

NOVEMBRO

05 Quarta

AFIRME-SE

Black Friday Juspodivm

7

8

9

10

11

12

1

2

3

4

5

6

7

8

9

10

11

OBJETIVO DO DIA

TEMPO DE ESTUDOS

expectativa

realidade

café da manhã   almoço   snacks   jantar

TEM QUE SER FEITO SEM FALTA!!

1

2

3

ÁGUA

o que deu certo?

podia ser melhor se...

anotações

Um negócio nunca é bom se com ele conseguimos um inimigo. – Hugh Prather

NOVEMBRO

06 Quinta

OBJETIVO DO DIA

AFIRME-SE

7
8
9
10
11
12
1
2
3
4
5
6
7
8
9
10
11

TEMPO DE ESTUDOS

expectativa realidade

café da manhã almoço snacks jantar

TEM QUE SER FEITO SEM FALTA!!

1
2
3

ÁGUA

o que deu certo?

podia ser melhor se...

anotações

Um objetivo nada mais é do que um sonho com limite de tempo. – Joel L. Griffith

NOVEMBRO

07 Sexta

AFIRME-SE

Black Friday Juspodivm

7

8

9

10

11

12

1

2

3

4

5

6

7

8

9

10

11

OBJETIVO DO DIA

TEMPO DE ESTUDOS

expectativa realidade

○ café da manhã ○ almoço ○ snacks ○ jantar

TEM QUE SER FEITO SEM FALTA!!

1

2

3

ÁGUA

o que deu certo?

podia ser melhor se...

anotações

Sorte é o que acontece quando a preparação encontra a oportunidade. – Elmer Letterman

NOVEMBRO

08 Sábado

OBJETIVO DO DIA

AFIRME-SE

7

8

9

10

11

12

1

2

3

4

5

6

7

8

9

10

11

TEMPO DE ESTUDOS

expectativa

realidade

café da manhã ○ almoço ○ snacks ○ jantar

TEM QUE SER FEITO SEM FALTA!!

1

2

3

ÁGUA

o que deu certo?

podia ser melhor se...

anotações

O que você faz nessa vida ecoa pela eternidade.
– Maximus Decimus Meridius
por **@jurisconsultt**

NOVEMBRO

09 Domingo

AFIRME-SE

7

8

9

10

11

12

1

2

3

4

5

6

7

8

9

10

11

OBJETIVO DO DIA

TEMPO DE ESTUDOS

expectativa realidade

○ café da manhã ○ almoço ○ snacks ○ jantar

TEM QUE SER FEITO SEM FALTA!!

1

2

3

ÁGUA

o que deu certo?

podia ser melhor se...

anotações

O sonho é um desejo que o coração faz. – Cinderella
por **@euvoupassei**

nov

SEG	TER	QUA	QUI	SEX	SÁB	DOM
27	28	29	30	31	1	**2**
3	**4**	**5**	**6**	**7**	8	9
10	11	12	13	14	**15**	16
17	18	19	**20**	21	22	23
24	25	26	27	28	29	30

●05 CHEIA ◗12 MING ○20 NOVA ◖28 CRES

02 Finados
03 a **07** Black Friday Juspodivm
15 Proclamação da República
20 Dia Nacional da Consciência Negra

TAREFAS

INFORMATIVO STF

☐ visto ☐ revisado

Obs: ______________________

____

sono

+
12
10
8
6
4
-

seg ter qua qui sex sab dom

SEG 10

TER 11

QUA 12

QUI 13

EVENTOS

SEX 14

SAB 15

DOM 16

humor

seg ter qua qui sex sab dom

Acompanhamento de Simulados

Para o que estou estudando?

Disciplina	Tema	Qtd.	Acertos	Aproveitamento	Evolução
				10 … 100	MELHOR / PIOR
				10 … 100	MELHOR / PIOR
				10 … 100	MELHOR / PIOR
				10 … 100	MELHOR / PIOR
				10 … 100	MELHOR / PIOR
				10 … 100	MELHOR / PIOR
				10 … 100	MELHOR / PIOR
				10 … 100	MELHOR / PIOR
				10 … 100	MELHOR / PIOR
				10 … 100	MELHOR / PIOR

NOVEMBRO

10 Segunda

AFIRME-SE

7

8

9

10

11

12

1

2

3

4

5

6

7

8

9

10

11

OBJETIVO DO DIA

TEMPO DE ESTUDOS

expectativa

realidade

café da manhã almoço snacks jantar

TEM QUE SER FEITO SEM FALTA!!

1

2

3

ÁGUA

o que deu certo?

podia ser melhor se...

anotações

Quando você parar de dar desculpas, você começará a ter resultados. – Autor Anônimo

por **@concurseiroiniciantee**

NOVEMBRO

11 Terça

AFIRME-SE

7

8

9

10

11

12

1

2

3

4

5

6

7

8

9

10

11

OBJETIVO DO DIA

TEMPO DE ESTUDOS

expectativa realidade

café da manhã almoço snacks jantar

TEM QUE SER FEITO SEM FALTA!!

1

2

3

ÁGUA

o que deu certo?

podia ser melhor se...

anotações

O inimigo mais perigoso que você poderá encontrar será sempre você mesmo. – Friedrich Nietzsche
por **@_focanoconcurso**

NOVEMBRO

12 Quarta

OBJETIVO DO DIA

AFIRME-SE

7

8

9

10

11

12

1

2

3

4

5

6

7

8

9

10

11

TEMPO DE ESTUDOS

expectativa

realidade

café da manhã ◯ almoço ◯ snacks ◯ jantar ◯

TEM QUE SER FEITO SEM FALTA!!

1.
2.
3.

ÁGUA

o que deu certo?

podia ser melhor se...

anotações

Uma meta sem um plano é apenas um desejo. Desejos nascem de sonhos e se tornam realidade quando buscamos, com coragem e planejamento, realizá-los. – Autor Anônimo por **@focojoy**

NOVEMBRO

13 Quinta

OBJETIVO DO DIA

TEMPO DE ESTUDOS

expectativa realidade

AFIRME-SE

○ café da manhã ○ almoço ○ snacks ○ jantar

7

8

9

10

11

12

1

2

3

4

5

6

7

8

9

10

11

TEM QUE SER FEITO SEM FALTA!!

1

2

3

ÁGUA

o que deu certo?

podia ser melhor se...

anotações

Um pouco por dia, um dia de cada vez. Acredite, você nunca estará no mesmo lugar!

por **@concurseiralavoueu**

NOVEMBRO

14 Sexta

OBJETIVO DO DIA

AFIRME-SE

7

8

9

10

11

12

1

2

3

4

5

6

7

8

9

10

11

TEMPO DE ESTUDOS

expectativa *realidade*

café da manhã · almoço · snacks · jantar

TEM QUE SER FEITO SEM FALTA!!

1

2

3

ÁGUA

o que deu certo?

podia ser melhor se...

anotações

Na dúvida, continue estudando. – Autor Anônimo
por **@vouser.juiza**

NOVEMBRO

15 Sábado

AFIRME-SE

Proclamação da República

7

8

9

10

11

12

1

2

3

4

5

6

7

8

9

10

11

OBJETIVO DO DIA

TEMPO DE ESTUDOS

expectativa realidade

café da manhã almoço snacks jantar

TEM QUE SER FEITO SEM FALTA!!

1
2
3

ÁGUA

o que deu certo?

podia ser melhor se...

anotações

Primeiro fazemos nossos hábitos, depois nossos hábitos nos fazem. – John Dryden
por **@corujinha_juridica**

NOVEMBRO

16 Domingo

OBJETIVO DO DIA

AFIRME-SE

7

8

9

10

11

12

1

2

3

4

5

6

7

8

9

10

11

TEMPO DE ESTUDOS

expectativa

realidade

café da manhã

almoço

snacks

jantar

TEM QUE SER FEITO SEM FALTA!!

1

2

3

ÁGUA

o que deu certo?

podia ser melhor se...

anotações

Os únicos limites das pessoas são o tamanho de suas ideias e o grau de sua dedicação. – F. Veiga

por **@coisasdeconcurseira**

nov

SEG	TER	QUA	QUI	SEX	SÁB	DOM
27	28	29	30	31	1	**2**
3	**4**	**5**	**6**	**7**	8	9
10	11	12	13	14	**15**	16
17	18	19	**20**	21	22	23
24	25	26	27	28	29	30

●05 CHEIA ◗12 MING ○20 NOVA ◖28 CRES

02 Finados
03 a **07** Black Friday Juspodivm
15 Proclamação da República
20 Dia Nacional da Consciência Negra

SEG 17

TER 18

QUA 19

QUI 20

EVENTOS

SEX 21

TAREFAS

INFORMATIVO STF

☐ visto ☐ revisado

Obs: ____________________

____

sono

+
12
10
8
6
4
-

seg ter qua qui sex sab dom

SAB 22

DOM 23

humor

seg ter qua qui sex sab dom

Acompanhamento de Simulados

Para o que estou estudando?

Disciplina	Tema	Qtd.	Acertos	Aproveitamento	Evolução
				10 … 100	MELHOR / PIOR
				10 … 100	MELHOR / PIOR
				10 … 100	MELHOR / PIOR
				10 … 100	MELHOR / PIOR
				10 … 100	MELHOR / PIOR
				10 … 100	MELHOR / PIOR
				10 … 100	MELHOR / PIOR
				10 … 100	MELHOR / PIOR
				10 … 100	MELHOR / PIOR
				10 … 100	MELHOR / PIOR

NOVEMBRO

17 Segunda

AFIRME-SE

7

8

9

10

11

12

1

2

3

4

5

6

7

8

9

10

11

OBJETIVO DO DIA

TEMPO DE ESTUDOS

expectativa realidade

café da manhã ◯ almoço ◯ snacks ◯ jantar

TEM QUE SER FEITO SEM FALTA!!

1.
2.
3.

ÁGUA

o que deu certo?

podia ser melhor se...

anotações

Um dia essas 4h da manhã farão de você uma lenda!
por **@juizadotrabalho**

NOVEMBRO

18 Terça

OBJETIVO DO DIA

AFIRME-SE

TEMPO DE ESTUDOS

expectativa realidade

café da manhã · almoço · snacks · jantar

7

8

9

10

11

12

1

2

3

4

5

6

7

8

9

10

11

TEM QUE SER FEITO SEM FALTA!!

1.
2.
3.

ÁGUA

o que deu certo?

podia ser melhor se...

anotações

Quando o modelo de vida leva a um esgotamento, é fundamental questionar se vale a pena continuar no mesmo caminho. – Mario Sergio Cortella

por **@isadoramradv**

NOVEMBRO

19 Quarta

AFIRME-SE

7

8

9

10

11

12

1

2

3

4

5

6

7

8

9

10

11

OBJETIVO DO DIA

TEMPO DE ESTUDOS

expectativa realidade

café da manhã almoço snacks jantar

TEM QUE SER FEITO SEM FALTA!!

1
2
3

ÁGUA

o que deu certo?

podia ser melhor se...

anotações

Sonhe, pois os sonhos dão sentido à vida. Mas nunca se esqueça de celebrar as pequenas vitórias e, principalmente, de ser grato pelas oportunidades que tem e por tudo aquilo que já alcançou.
por **@focodeconcurseira**

NOVEMBRO

20 Quinta

OBJETIVO DO DIA

AFIRME-SE

Dia Nacional da Consciência Negra

7

8

9

10

11

12

1

2

3

4

5

6

7

8

9

10

11

TEMPO DE ESTUDOS

expectativa realidade

café da manhã · almoço · snacks · jantar

TEM QUE SER FEITO SEM FALTA!!

1

2

3

ÁGUA

o que deu certo?

podia ser melhor se...

anotações

Não há nada que seja maior evidência de insanidade do que fazer a mesma coisa, dia após dia, e esperar resultados diferentes! – Albert Einstein
por **@queropossoconsigo**

NOVEMBRO

21 Sexta

OBJETIVO DO DIA

AFIRME-SE

7

8

9

10

11

12

1

2

3

4

5

6

7

8

9

10

11

TEMPO DE ESTUDOS

expectativa — realidade

○ café da manhã ○ almoço ○ snacks ○ jantar

TEM QUE SER FEITO SEM FALTA!!

1.
2.
3.

ÁGUA

o que deu certo?

podia ser melhor se...

anotações

O futuro é um carro sem motorista em alta velocidade. Você tem que ser o motorista. Tem de decidir a direção a tomar. Quer que as decisões sejam tomadas pelos outros? Não seja apenas um passageiro. – Milo O. Frank
por **@criminais**

NOVEMBRO

22 Sábado

OBJETIVO DO DIA

AFIRME-SE

7

8

9

10

11

12

1

2

3

4

5

6

7

8

9

10

11

TEMPO DE ESTUDOS

expectativa realidade

café da manhã almoço snacks jantar

TEM QUE SER FEITO SEM FALTA!!

1

2

3

ÁGUA

o que deu certo?

podia ser melhor se...

anotações

Excelência não é um ato, mas um hábito. – Aristóteles
por **@concursandanostribunais**

NOVEMBRO

23 Domingo

AFIRME-SE

7

8

9

10

11

12

1

2

3

4

5

6

7

8

9

10

11

OBJETIVO DO DIA

TEMPO DE ESTUDOS

expectativa realidade

café da manhã almoço snacks jantar

TEM QUE SER FEITO SEM FALTA!!

1
2
3

ÁGUA

o que deu certo?

podia ser melhor se...

anotações

Faça uma declaração que o empodere e que o leve a um espaço melhor. Acredite, você tem esse poder. – Lucas Mahat por **@_study_mi**

nov

SEG	TER	QUA	QUI	SEX	SÁB	DOM
27	28	29	30	31	1	**2**
3	**4**	**5**	**6**	**7**	8	9
10	11	12	13	14	**15**	16
17	18	19	**20**	21	22	23
24	25	26	27	28	29	30

●05 CHEIA ◗12 MING ○20 NOVA ◖28 CRES

02 Finados
03 a **07** Black Friday Juspodivm
15 Proclamação da República
20 Dia Nacional da Consciência Negra

SEG 24

TER 25

QUA 26

QUI 27

EVENTOS

SEX 28

TAREFAS

INFORMATIVO STF

☐ visto ☐ revisado

Obs: ____________________

____

sono

+
12
10
8
6
4
-

seg ter qua qui sex sab dom

SAB 29

DOM 30

humor

seg ter qua qui sex sab dom

Acompanhamento de Simulados

Para o que estou estudando?

Disciplina	Tema	Qtd.	Acertos	Aproveitamento	Evolução
				10 … 100	MELHOR / PIOR
				10 … 100	MELHOR / PIOR
				10 … 100	MELHOR / PIOR
				10 … 100	MELHOR / PIOR
				10 … 100	MELHOR / PIOR
				10 … 100	MELHOR / PIOR
				10 … 100	MELHOR / PIOR
				10 … 100	MELHOR / PIOR
				10 … 100	MELHOR / PIOR
				10 … 100	MELHOR / PIOR

NOVEMBRO

24 Segunda

AFIRME-SE

7

8

9

10

11

12

1

2

3

4

5

6

7

8

9

10

11

OBJETIVO DO DIA

TEMPO DE ESTUDOS

expectativa ____________ realidade ____________

◯ café da manhã ◯ almoço ◯ snacks ◯ jantar

TEM QUE SER FEITO SEM FALTA!!

1. ____________
2. ____________
3. ____________

ÁGUA

o que deu certo?

podia ser melhor se...

anotações

Não é sobre chegar ao topo do mundo e saber que venceu. É sobre escalar e saber o que o caminho de fortaleceu. – Ana Vilela
por **@magistradaemformacao**

NOVEMBRO

25 Terça

AFIRME-SE

7

8

9

10

11

12

1

2

3

4

5

6

7

8

9

10

11

OBJETIVO DO DIA

TEMPO DE ESTUDOS

expectativa realidade

café da manhã almoço snacks jantar

TEM QUE SER FEITO SEM FALTA!!

1

2

3

ÁGUA

o que deu certo?

podia ser melhor se...

anotações

Sempre que se vê um empreendimento de sucesso é porque alguém antes tomou uma decisão destemida.
– Peter Ducker

NOVEMBRO

26 Quarta

OBJETIVO DO DIA

AFIRME-SE

7

8

9

10

11

12

1

2

3

4

5

6

7

8

9

10

11

TEMPO DE ESTUDOS

expectativa

realidade

café da manhã almoço snacks jantar

TEM QUE SER FEITO SEM FALTA!!

1

2

3

ÁGUA

o que deu certo?

podia ser melhor se...

anotações

Muda tuas ideias e mudarás teu mundo. – Norman Vincent Peale

NOVEMBRO

27 Quinta

OBJETIVO DO DIA

AFIRME-SE

7

8

9

10

11

12

1

2

3

4

5

6

7

8

9

10

11

TEMPO DE ESTUDOS

expectativa realidade

café da manhã almoço snacks jantar

TEM QUE SER FEITO SEM FALTA!!

1.
2.
3.

ÁGUA

o que deu certo?

podia ser melhor se...

anotações

Nada de importante no mundo foi realizado sem paixão.
– Georg Wilhelm

NOVEMBRO

28 Sexta

OBJETIVO DO DIA

AFIRME-SE

7

8

9

10

11

12

1

2

3

4

5

6

7

8

9

10

11

TEMPO DE ESTUDOS

expectativa realidade

café da manhã almoço snacks jantar

TEM QUE SER FEITO SEM FALTA!!

1

2

3

ÁGUA

o que deu certo?

podia ser melhor se...

anotações

O importante é mudar sempre, mesmo que estejamos crescendo e ganhando o jogo. – Masaaki Imai

NOVEMBRO

29 Sábado

AFIRME-SE

7

8

9

10

11

12

1

2

3

4

5

6

7

8

9

10

11

OBJETIVO DO DIA

TEMPO DE ESTUDOS

expectativa realidade

café da manhã almoço snacks jantar

TEM QUE SER FEITO SEM FALTA!!

1

2

3

ÁGUA

o que deu certo?

podia ser melhor se...

anotações

Se não puder destacar-se pelo talento, vença pelo esforço.
– Dave Weinbaum

NOVEMBRO

30 Domingo

OBJETIVO DO DIA

AFIRME-SE

7

8

9

10

11

12

1

2

3

4

5

6

7

8

9

10

11

TEMPO DE ESTUDOS

expectativa *realidade*

○ *café da manhã* ○ *almoço* ○ *snacks* ○ *jantar*

TEM QUE SER FEITO SEM FALTA!!

1.
2.
3.

ÁGUA

o que deu certo?

podia ser melhor se...

anotações

Se você não sabe, a coisa a fazer não é se assustar, mas aprender. – Ayn Rand

anotações

Dezembro

SEG	TER	QUA	QUI	SEX	SÁB	DOM
1	2	3	4	5	6	7
8	9	10	11	12	13	14
15	16	17	18	19	20	21
22	23	24	**25**	26	27	28
29	30	31	1	2	3	4

● 04 CHEIA ◗ 11 MING ○ 19 NOVA ◖ 27 CRES

25 Natal

dez

SEG	TER	QUA	QUI	SEX	SÁB	DOM
1	2	3	4	5	6	7
8	9	10	11	12	13	14
15	16	17	18	19	20	21
22	23	24	**25**	26	27	28
29	30	31				

● trabalho ★ estudos ◎ viagem
■ pessoal ▲ cursos

ANIVERSÁRIOS

INFORMATIVOS STJ

___ / ___ / ___
☐ visto ☐ revisado
Obs: ______________

___ / ___ / ___
☐ visto ☐ revisado
Obs: ______________

EDITAIS ABERTOS

① ______________
② ______________
③ ______________

Controle de hábitos

	1	2	3	4	5	6	7	8	9	10	11	12	13	14	15	16	17	18	19	20	21	22	23	24	25	26	27	28	29	30	31

Finanças

GANHOS

total

GASTOS

total

total

TAREFAS

EXTRAS

total

TOTAL DE GASTOS

POUPANÇA (GANHOS - GASTOS)

Metas do mês

Fluxo de estudos

	0	1h	2h	3h	4h	5h	6h	7h	8h	9h	10h	+
1												
2												
3												
4												
5												
6												
7												
8												
9												
10												
11												
12												
13												
14												
15												
16												
17												
18												
19												
20												
21												
22												
23												
24												
25												
26												
27												
28												
29												
30												
31												

SEG 01

TER 02

QUA 03

QUI 04

SEG	TER	QUA	QUI	SEX	SÁB	DOM
1	2	3	4	5	6	7
8	9	10	11	12	13	14
15	16	17	18	19	20	21
22	23	24	**25**	26	27	28
29	30	31	1	2	3	4

●04 CHEIA ◗11 MING ○19 NOVA ◖27 CRES

25 Natal

EVENTOS

sono

+
12
10
8
6
4
-

seg ter qua qui sex sab dom

SEX 05

TAREFAS

SAB 06

DOM 07

humor

seg ter qua qui sex sab dom

INFORMATIVO STF

☐ visto ☐ revisado

Obs: ____________________

____

Acompanhamento de Simulados

Para o que estou estudando?

Disciplina	Tema	Qtd.	Acertos	Aproveitamento	Evolução
				10 … 100	MELHOR / PIOR
				10 … 100	MELHOR / PIOR
				10 … 100	MELHOR / PIOR
				10 … 100	MELHOR / PIOR
				10 … 100	MELHOR / PIOR
				10 … 100	MELHOR / PIOR
				10 … 100	MELHOR / PIOR
				10 … 100	MELHOR / PIOR
				10 … 100	MELHOR / PIOR
				10 … 100	MELHOR / PIOR

DEZEMBRO

01 Segunda

OBJETIVO DO DIA

AFIRME-SE

7

8

9

10

11

12

1

2

3

4

5

6

7

8

9

10

11

TEMPO DE ESTUDOS

expectativa realidade

café da manhã almoço snacks jantar

TEM QUE SER FEITO SEM FALTA!!

1

2

3

ÁGUA

o que deu certo?

podia ser melhor se...

anotações

Aprendi com a primavera a deixar-me cortar e voltar sempre inteira. – Cecília Meireles

DEZEMBRO

02 Terça

OBJETIVO DO DIA

AFIRME-SE

TEMPO DE ESTUDOS

expectativa

realidade

café da manhã · almoço · snacks · jantar

7

8

9

10

11

12

1

2

3

4

5

6

7

8

9

10

11

TEM QUE SER FEITO SEM FALTA!!

1.
2.
3.

ÁGUA

o que deu certo?

podia ser melhor se...

anotações

Aceite os desafios para que possa sentir o sabor da vitória. – General George S. Patton

DEZEMBRO

03 Quarta

AFIRME-SE

7

8

9

10

11

12

1

2

3

4

5

6

7

8

9

10

11

OBJETIVO DO DIA

TEMPO DE ESTUDOS

expectativa realidade

○ café da manhã ○ almoço ○ snacks ○ jantar

TEM QUE SER FEITO SEM FALTA!!

1.
2.
3.

ÁGUA

o que deu certo?

podia ser melhor se...

anotações

A sorte favorece a mente preparada. – Louis Pasteur

DEZEMBRO

04 Quinta

OBJETIVO DO DIA

TEMPO DE ESTUDOS

expectativa realidade

AFIRME-SE

7
8
9
10
11
12
1
2
3
4
5
6
7
8
9
10
11

café da manhã / almoço / snacks / jantar

TEM QUE SER FEITO SEM FALTA!!

1.
2.
3.

ÁGUA

o que deu certo?

podia ser melhor se...

anotações

Quando os momentos da verdade não são gerenciados, o serviço regride até a mediocridade. – Karl Albrecht

DEZEMBRO

05 Sexta

AFIRME-SE

7

8

9

10

11

12

1

2

3

4

5

6

7

8

9

10

11

OBJETIVO DO DIA

TEMPO DE ESTUDOS

expectativa realidade

café da manhã almoço snacks jantar

TEM QUE SER FEITO SEM FALTA!!

1
2
3

ÁGUA

o que deu certo?

podia ser melhor se...

anotações

Metas são necessárias não só para nos motivar, mas para nos manter vivos. – Robert H. Schuller

DEZEMBRO
06 Sábado

OBJETIVO DO DIA

AFIRME-SE

7	
8	
9	
10	
11	
12	
1	
2	
3	
4	
5	
6	
7	
8	
9	
10	
11	

TEMPO DE ESTUDOS

expectativa ______ realidade ______

○ café da manhã ○ almoço ○ snacks ○ jantar

TEM QUE SER FEITO SEM FALTA!!

1. ______
2. ______
3. ______

ÁGUA

o que deu certo?

podia ser melhor se...

anotações

Pessoas com meta têm sucesso pois sabem onde estão indo. – Earl Nightingale

DEZEMBRO

07 Domingo

AFIRME-SE

7

8

9

10

11

12

1

2

3

4

5

6

7

8

9

10

11

OBJETIVO DO DIA

TEMPO DE ESTUDOS

expectativa

realidade

café da manhã almoço snacks jantar

TEM QUE SER FEITO SEM FALTA!!

1

2

3

ÁGUA

o que deu certo?

podia ser melhor se...

anotações

A pessoa comum é exigente com os outros. A superior é exigente consigo mesmo. – Marco Aurélio

SEG	TER	QUA	QUI	SEX	SÁB	DOM
1	2	3	4	5	6	7
8	9	10	11	12	13	14
15	16	17	18	19	20	21
22	23	24	**25**	26	27	28
29	30	31	1	2	3	4

●04 CHEIA ◗11 MING ○19 NOVA ◖27 CRES

25 Natal

SEG 08

TER 09

QUA 10

QUI 11

EVENTOS

SEX 12

sono

+						
12						
10						
8						
6						
4						
-						

seg ter qua qui sex sab dom

TAREFAS

SAB 13

DOM 14

humor

seg ter qua qui sex sab dom

INFORMATIVO STF

☐ visto ☐ revisado

Obs: ______________________

____

Acompanhamento de Simulados

Para o que estou estudando?

Disciplina	Tema	Qtd.	Acertos	Aproveitamento	Evolução
				10 … 100	MELHOR / PIOR
				10 … 100	MELHOR / PIOR
				10 … 100	MELHOR / PIOR
				10 … 100	MELHOR / PIOR
				10 … 100	MELHOR / PIOR
				10 … 100	MELHOR / PIOR
				10 … 100	MELHOR / PIOR
				10 … 100	MELHOR / PIOR
				10 … 100	MELHOR / PIOR
				10 … 100	MELHOR / PIOR

DEZEMBRO

08 Segunda

OBJETIVO DO DIA

AFIRME-SE

TEMPO DE ESTUDOS

expectativa

realidade

café da manhã   almoço   snacks   jantar

7

8

9

10

11

12

1

2

3

4

5

6

7

8

9

10

11

TEM QUE SER FEITO SEM FALTA!!

1

2

3

ÁGUA

o que deu certo?

podia ser melhor se...

anotações

Você sabe, todo mundo é capaz de aprender um pouco, cedo ou tarde. Tudo o que é preciso fazer é viver.
– Alice Walker

DEZEMBRO

09 Terça

AFIRME-SE

7

8

9

10

11

12

1

2

3

4

5

6

7

8

9

10

11

OBJETIVO DO DIA

TEMPO DE ESTUDOS

expectativa realidade

café da manhã almoço snacks jantar

TEM QUE SER FEITO SEM FALTA!!

1
2
3

ÁGUA

o que deu certo?

podia ser melhor se...

anotações

Um grande prazer na vida é fazer aquilo que dizem que você não é capaz de fazer. – Walter Gagehot

DEZEMBRO
10 Quarta

OBJETIVO DO DIA

AFIRME-SE

TEMPO DE ESTUDOS

expectativa realidade

café da manhã almoço snacks jantar

7
8
9
10
11
12
1
2
3
4
5
6
7
8
9
10
11

TEM QUE SER FEITO SEM FALTA!!

1
2
3

ÁGUA

o que deu certo?

podia ser melhor se...

anotações

Toda glória advém de ousar começar. – Eugene F. Ware

DEZEMBRO

11 Quinta

OBJETIVO DO DIA

AFIRME-SE

7
8
9
10
11
12
1
2
3
4
5
6
7
8
9
10
11

TEMPO DE ESTUDOS

expectativa realidade

café da manhã almoço snacks jantar

TEM QUE SER FEITO SEM FALTA!!

1
2
3

ÁGUA

o que deu certo?

podia ser melhor se...

anotações

A pessoa que não acredita em si mesma não acredita em mais nada. – Roy L. Smith

DEZEMBRO

12 Sexta

OBJETIVO DO DIA

AFIRME-SE

7

8

9

10

11

12

1

2

3

4

5

6

7

8

9

10

11

TEMPO DE ESTUDOS

expectativa

realidade

café da manhã

almoço

snacks

jantar

TEM QUE SER FEITO SEM FALTA!!

1

2

3

ÁGUA

o que deu certo?

podia ser melhor se...

anotações

Grandes mentes estão prontas não apenas para explorar oportunidades, mas para criá-las. – Cotton

DEZEMBRO

13 Sábado

OBJETIVO DO DIA

TEMPO DE ESTUDOS

expectativa realidade

AFIRME-SE

7
8
9
10
11
12
1
2
3
4
5
6
7
8
9
10
11

○ café da manhã ○ almoço ○ snacks ○ jantar

TEM QUE SER FEITO SEM FALTA!!

1.
2.
3.

ÁGUA

o que deu certo?

podia ser melhor se...

anotações

O primeiro passo indispensável para conseguir coisas na vida é decidir o que você quer. – Ben Stein

DEZEMBRO

14 Domingo

AFIRME-SE

7

8

9

10

11

12

1

2

3

4

5

6

7

8

9

10

11

OBJETIVO DO DIA

TEMPO DE ESTUDOS

expectativa

realidade

café da manhã   almoço   snacks   jantar

TEM QUE SER FEITO SEM FALTA!!

1

2

3

ÁGUA

o que deu certo?

podia ser melhor se...

anotações

O pior fracassado do mundo é aquele que perdeu o entusiasmo. – H. W. Arnold

SEG	TER	QUA	QUI	SEX	SÁB	DOM
1	2	3	4	5	6	7
8	9	10	11	12	13	14
15	16	17	18	19	20	21
22	23	24	**25**	26	27	28
29	30	31	1	2	3	4

●04 CHEIA ◗11 MING ○19 NOVA ◖27 CRES

25 Natal

sono

+	·	·	·	·	·	·	·
12	·	·	·	·	·	·	·
10	·	·	·	·	·	·	·
8	·	·	·	·	·	·	·
6	·	·	·	·	·	·	·
4	·	·	·	·	·	·	·
-	·	·	·	·	·	·	·
	seg	ter	qua	qui	sex	sab	dom

TAREFAS

INFORMATIVO STF

☐ visto ☐ revisado

Obs: ____________________

____

SEG 15

TER 16

QUA 17

EVENTOS

QUI 18

SEX 19

SAB 20

DOM 21

humor

seg ter qua qui sex sab dom

Acompanhamento de Simulados

Para o que estou estudando?

Disciplina	Tema	Qtd.	Acertos	Aproveitamento	Evolução
				10 … 100	MELHOR / PIOR
				10 … 100	MELHOR / PIOR
				10 … 100	MELHOR / PIOR
				10 … 100	MELHOR / PIOR
				10 … 100	MELHOR / PIOR
				10 … 100	MELHOR / PIOR
				10 … 100	MELHOR / PIOR
				10 … 100	MELHOR / PIOR
				10 … 100	MELHOR / PIOR
				10 … 100	MELHOR / PIOR

DEZEMBRO

15 Segunda

AFIRME-SE

7
8
9
10
11
12
1
2
3
4
5
6
7
8
9
10
11

OBJETIVO DO DIA

TEMPO DE ESTUDOS

expectativa *realidade*

○ *café da manhã* ○ *almoço* ○ *snacks* ○ *jantar*

TEM QUE SER FEITO SEM FALTA!!

1.
2.
3.

ÁGUA

o que deu certo?

podia ser melhor se...

anotações

A maior recompensa pelo trabalho não é o que a pessoa ganha, é o que ela se torna através dele. – John Ruskin

DEZEMBRO

16 Terça

AFIRME-SE

7

8

9

10

11

12

1

2

3

4

5

6

7

8

9

10

11

OBJETIVO DO DIA

TEMPO DE ESTUDOS

expectativa

realidade

café da manhã ◯ almoço ◯ snacks ◯ jantar

TEM QUE SER FEITO SEM FALTA!!

1

2

3

ÁGUA

o que deu certo?

podia ser melhor se...

anotações

O fato de o mar estar calmo na superfície não significa que algo não esteja acontecendo nas profundezas.
– Jostein Gaarder
por **@jurisconsultt**

DEZEMBRO

17 Quarta

AFIRME-SE

7

8

9

10

11

12

1

2

3

4

5

6

7

8

9

10

11

OBJETIVO DO DIA

TEMPO DE ESTUDOS

expectativa realidade

café da manhã almoço snacks jantar

TEM QUE SER FEITO SEM FALTA!!

1
2
3

ÁGUA

o que deu certo?

podia ser melhor se...

anotações

Não deixe que os seus medos tomem o lugar dos seus sonhos. – Walt Disney
por **@euvoupassei**

DEZEMBRO

18 Quinta

OBJETIVO DO DIA

AFIRME-SE

7

8

9

10

11

12

1

2

3

4

5

6

7

8

9

10

11

TEMPO DE ESTUDOS

expectativa realidade

café da manhã almoço snacks jantar

TEM QUE SER FEITO SEM FALTA!!

1

2

3

ÁGUA

o que deu certo?

podia ser melhor se...

anotações

É uma dádiva poder estudar e realizar pequenas tarefas todos os dias que levarão você ao seu objetivo. Amar sua trajetória faz parte da conquista. Bons estudos.

– Kathiuce Souza Cruz

por **@concurseiroiniciantee**

DEZEMBRO

19 Sexta

OBJETIVO DO DIA

AFIRME-SE

7

8

9

10

11

12

1

2

3

4

5

6

7

8

9

10

11

TEMPO DE ESTUDOS

expectativa realidade

café da manhã ◯ almoço ◯ snacks ◯ jantar ◯

TEM QUE SER FEITO SEM FALTA!!

1
2
3

ÁGUA

o que deu certo?

podia ser melhor se...

anotações

As pessoas que não podem fazer por si mesmas, dirão que você não consegue. Se quer alguma coisa, vá e lute por ela. Ponto final. – Filme À Procura da Felicidade por **@_focanoconcurso**

DEZEMBRO

20 Sábado

OBJETIVO DO DIA

AFIRME-SE

7

8

9

10

11

12

1

2

3

4

5

6

7

8

9

10

11

TEMPO DE ESTUDOS

expectativa

realidade

café da manhã | almoço | snacks | jantar

TEM QUE SER FEITO SEM FALTA!!

1

2

3

ÁGUA

o que deu certo?

podia ser melhor se...

anotações

Ter desafios é o que torna a vida interessante e superá-los é o que faz a vida ter sentido. – Joshua J. Marine

por **@focojoy**

DEZEMBRO

21 Domingo

AFIRME-SE

7

8

9

10

11

12

1

2

3

4

5

6

7

8

9

10

11

OBJETIVO DO DIA

TEMPO DE ESTUDOS

expectativa realidade

café da manhã almoço snacks jantar

TEM QUE SER FEITO SEM FALTA!!

1
2
3

ÁGUA

o que deu certo?

podia ser melhor se...

anotações

Crie a sua melhor e mais grandiosa visão possível para sua vida, pois você se torna tudo aquilo que acredita.
por **@concurseiralavoueu**

SEG	TER	QUA	QUI	SEX	SÁB	DOM
1	2	3	4	5	6	7
8	9	10	11	12	13	14
15	16	17	18	19	20	21
22	23	24	**25**	26	27	28
29	30	31	1	2	3	4

●04 CHEIA ◗11 MING ○19 NOVA ◖27 CRES

25 Natal

SEG 22

TER 23

QUA 24

QUI 25

EVENTOS

SEX 26

sono

+						
12						
10						
8						
6						
4						
-						

seg ter qua qui sex sab dom

TAREFAS

SAB 27

DOM 28

humor

seg ter qua qui sex sab dom

INFORMATIVO STF

☐ visto ☐ revisado

Obs: ____________________

____

Acompanhamento de Simulados

Para o que estou estudando?

Disciplina	Tema	Qtd.	Acertos	Aproveitamento	Evolução
				10 – 100	MELHOR / PIOR
				10 – 100	MELHOR / PIOR
				10 – 100	MELHOR / PIOR
				10 – 100	MELHOR / PIOR
				10 – 100	MELHOR / PIOR
				10 – 100	MELHOR / PIOR
				10 – 100	MELHOR / PIOR
				10 – 100	MELHOR / PIOR
				10 – 100	MELHOR / PIOR
				10 – 100	MELHOR / PIOR

DEZEMBRO

22 Segunda

AFIRME-SE

7

8

9

10

11

12

1

2

3

4

5

6

7

8

9

10

11

OBJETIVO DO DIA

TEMPO DE ESTUDOS

expectativa

realidade

café da manhã / almoço / snacks / jantar

TEM QUE SER FEITO SEM FALTA!!

1.
2.
3.

ÁGUA

o que deu certo?

podia ser melhor se...

anotações

Um dia todo esse estudo duro valerá a pena. – Autor Anônimo

por **@vouser.juiza**

DEZEMBRO

23 Terça

AFIRME-SE

7

8

9

10

11

12

1

2

3

4

5

6

7

8

9

10

11

OBJETIVO DO DIA

TEMPO DE ESTUDOS

expectativa

realidade

café da manhã almoço snacks jantar

TEM QUE SER FEITO SEM FALTA!!

1

2

3

ÁGUA

o que deu certo?

podia ser melhor se...

anotações

Uma chave importante para o sucesso é a autoconfiança. Uma chave importante para a autoconfiança é a preparação. – Arthur Ashe

por **@corujinha_juridica**

DEZEMBRO

24 Quarta

OBJETIVO DO DIA

AFIRME-SE

7

8

9

10

11

12

1

2

3

4

5

6

7

8

9

10

11

TEMPO DE ESTUDOS

expectativa

realidade

café da manhã · almoço · snacks · jantar

TEM QUE SER FEITO SEM FALTA!!

1

2

3

ÁGUA

o que deu certo?

podia ser melhor se...

anotações

Há dois tipos de pessoa que vão te dizer que você não pode fazer a diferença neste mundo: as que têm medo de tentar e as que têm medo de que você se dê bem. – Ray Goforth

por **@coisasdeconcurseira**

DEZEMBRO

25 Quinta

AFIRME-SE

Natal

7

8

9

10

11

12

1

2

3

4

5

6

7

8

9

10

11

OBJETIVO DO DIA

TEMPO DE ESTUDOS

expectativa *realidade*

○ *café da manhã* ○ *almoço* ○ *snacks* ○ *jantar*

TEM QUE SER FEITO SEM FALTA!!

1

2

3

ÁGUA

o que deu certo?

podia ser melhor se...

anotações

Todos os dias que você dormiu tarde e acordou cedo valeram a pena.

por **@juizadotrabalho**

DEZEMBRO
26 Sexta

OBJETIVO DO DIA

AFIRME-SE

7
8
9
10
11
12
1
2
3
4
5
6
7
8
9
10
11

TEMPO DE ESTUDOS

expectativa

realidade

café da manhã

almoço

snacks

jantar

TEM QUE SER FEITO SEM FALTA!!

1

2

3

ÁGUA

o que deu certo?

podia ser melhor se...

anotações

Encontra ânimo na dor e no desafio. Nesta vida só nos são colocados à frente os obstáculos que somos capazes de ultrapassar. – Augusto Branco

por **@isadoramradv**

DEZEMBRO

27 Sábado

OBJETIVO DO DIA

AFIRME-SE

7

8

9

10

11

12

1

2

3

4

5

6

7

8

9

10

11

TEMPO DE ESTUDOS

expectativa realidade

café da manhã almoço snacks jantar

TEM QUE SER FEITO SEM FALTA!!

1

2

3

ÁGUA

o que deu certo?

podia ser melhor se...

anotações

Ame os seus sonhos, eles te sustentarão quando as dificuldades aparecerem no caminhar.
por **@focodeconcurseira**

DEZEMBRO

28 Domingo

AFIRME-SE

7

8

9

10

11

12

1

2

3

4

5

6

7

8

9

10

11

OBJETIVO DO DIA

TEMPO DE ESTUDOS

expectativa

realidade

café da manhã

almoço

snacks

jantar

TEM QUE SER FEITO SEM FALTA!!

1

2

3

ÁGUA

o que deu certo?

podia ser melhor se...

anotações

Posso ainda não ter chegado onde eu queria, mas estou mais perto do que ontem. – Alexsandra Zulpo

por **@queropossoconsigo**

SEG	TER	QUA	QUI	SEX	SÁB	DOM
1	2	3	4	5	6	7
8	9	10	11	12	13	14
15	16	17	18	19	20	21
22	23	24	**25**	26	27	28
29	30	31	1	2	3	4

●04 CHEIA ◗11 MING ○19 NOVA ◖27 CRES

25 Natal

sono

+	·	·	·	·	·	·	·
12	·	·	·	·	·	·	·
10	·	·	·	·	·	·	·
8	·	·	·	·	·	·	·
6	·	·	·	·	·	·	·
4	·	·	·	·	·	·	·
-	·	·	·	·	·	·	·
	seg	ter	qua	qui	sex	sab	dom

TAREFAS

INFORMATIVO STF

☐ visto ☐ revisado

Obs: ____________________

____

SEG 29

TER 30

QUA 31

QUI 01

SEX 02

EVENTOS

SAB 03

DOM 04

humor

	·	·	·	·	·	·	·
	·	·	·	·	·	·	·
	·	·	·	·	·	·	·
	·	·	·	·	·	·	·
	·	·	·	·	·	·	·
	·	·	·	·	·	·	·
	·	·	·	·	·	·	·
	seg	ter	qua	qui	sex	sab	dom

Acompanhamento de Simulados

Para o que estou estudando?

____

Disciplina	Tema	Qtd.	Acertos	Aproveitamento	Evolução
				10 … 100	MELHOR / PIOR
				10 … 100	MELHOR / PIOR
				10 … 100	MELHOR / PIOR
				10 … 100	MELHOR / PIOR
				10 … 100	MELHOR / PIOR
				10 … 100	MELHOR / PIOR
				10 … 100	MELHOR / PIOR
				10 … 100	MELHOR / PIOR
				10 … 100	MELHOR / PIOR
				10 … 100	MELHOR / PIOR

DEZEMBRO

29 Segunda

AFIRME-SE

7

8

9

10

11

12

1

2

3

4

5

6

7

8

9

10

11

OBJETIVO DO DIA

TEMPO DE ESTUDOS

expectativa realidade

café da manhã almoço snacks jantar

TEM QUE SER FEITO SEM FALTA!!

1

2

3

ÁGUA

o que deu certo?

podia ser melhor se...

anotações

Somos o que fazemos, mas somos principalmente o que fazemos para mudar o que somos. – Eduardo Galeano por **@criminais**

DEZEMBRO

30 Terça

OBJETIVO DO DIA

AFIRME-SE

TEMPO DE ESTUDOS

expectativa

realidade

café da manhã almoço snacks jantar

7

8

9

10

11

12

1

2

3

4

5

6

7

8

9

10

11

TEM QUE SER FEITO SEM FALTA!!

1

2

3

ÁGUA

o que deu certo?

podia ser melhor se...

anotações

O especialista em algo foi uma vez novato. – Helen Hayes
por **@concursandanostribunais**

DEZEMBRO

31 Quarta

OBJETIVO DO DIA

AFIRME-SE

7

8

9

10

11

12

1

2

3

4

5

6

7

8

9

10

11

TEMPO DE ESTUDOS

expectativa *realidade*

○ café da manhã ○ almoço ○ snacks ○ jantar

TEM QUE SER FEITO SEM FALTA!!

1.
2.
3.

ÁGUA

o que deu certo?

podia ser melhor se...

anotações

Tudo o que você mais sonha está atrás do seu medo.
– Amanda Celeste
por **@_study_mi**

JANEIRO

01 Quinta

OBJETIVO DO DIA

AFIRME-SE

Ano-Novo

7

8

9

10

11

12

1

2

3

4

5

6

7

8

9

10

11

TEMPO DE ESTUDOS

expectativa realidade

café da manhã almoço snacks jantar

TEM QUE SER FEITO SEM FALTA!!

1

2

3

ÁGUA

o que deu certo?

podia ser melhor se...

anotações

Cuidado com suas ações, elas podem se tornar hábitos. Cuidado com seus hábitos, eles podem se tornar seu caráter. Cuidado com seu caráter, ele pode se tornar seu destino. – Filme A Dama de Ferro

por **@magistradaemformacao**

JANEIRO

02 Sexta

AFIRME-SE

7

8

9

10

11

12

1

2

3

4

5

6

7

8

9

10

11

OBJETIVO DO DIA

TEMPO DE ESTUDOS

expectativa realidade

café da manhã almoço snacks jantar

TEM QUE SER FEITO SEM FALTA!!

1

2

3

ÁGUA

o que deu certo?

podia ser melhor se...

anotações

O homem não é nada além daquilo que a educação faz dele. – Immanuel Kant

JANEIRO
03 Sábado

OBJETIVO DO DIA

AFIRME-SE

7

8

9

10

11

12

1

2

3

4

5

6

7

8

9

10

11

TEMPO DE ESTUDOS

expectativa realidade

café da manhã almoço snacks jantar

TEM QUE SER FEITO SEM FALTA!!

1

2

3

ÁGUA

o que deu certo?

podia ser melhor se...

anotações

Você falha, e aí? A vida continua. É só quando você se arrisca a falhar que descobre coisas. – Lupita Nyong'o

JANEIRO

04 Domingo

AFIRME-SE

7

8

9

10

11

12

1

2

3

4

5

6

7

8

9

10

11

OBJETIVO DO DIA

TEMPO DE ESTUDOS

expectativa realidade

○ café da manhã ○ almoço ○ snacks ○ jantar

TEM QUE SER FEITO SEM FALTA!!

1.
2.
3.

ÁGUA

o que deu certo?

podia ser melhor se...

anotações

Ajusto-me a mim, não ao mundo. – Anaïs Nin

Ferramentas de estudo

Lista de leitura

Meta do ano ______ Foco ______ Reforçar ______

Nome do livro	10%				progresso					100%
	○	○	○	○	○	○	○	○	○	○
	○	○	○	○	○	○	○	○	○	○
	○	○	○	○	○	○	○	○	○	○
	○	○	○	○	○	○	○	○	○	○
	○	○	○	○	○	○	○	○	○	○
	○	○	○	○	○	○	○	○	○	○
	○	○	○	○	○	○	○	○	○	○
	○	○	○	○	○	○	○	○	○	○
	○	○	○	○	○	○	○	○	○	○
	○	○	○	○	○	○	○	○	○	○
	○	○	○	○	○	○	○	○	○	○
	○	○	○	○	○	○	○	○	○	○
	○	○	○	○	○	○	○	○	○	○
	○	○	○	○	○	○	○	○	○	○
	○	○	○	○	○	○	○	○	○	○
	○	○	○	○	○	○	○	○	○	○
	○	○	○	○	○	○	○	○	○	○
	○	○	○	○	○	○	○	○	○	○
	○	○	○	○	○	○	○	○	○	○
	○	○	○	○	○	○	○	○	○	○
	○	○	○	○	○	○	○	○	○	○
	○	○	○	○	○	○	○	○	○	○
	○	○	○	○	○	○	○	○	○	○
	○	○	○	○	○	○	○	○	○	○
	○	○	○	○	○	○	○	○	○	○
	○	○	○	○	○	○	○	○	○	○

Nome do livro	10%	progresso	100%

Acompanhament

Concurso: ______________________

Cargo: ______________________

Diário Oficial da União: ☐ __ /__ /__

Comissão: ☐ __ /__ /__

Banca: ☐ ______________________

Edital: ☐ __ /__ /__

Último concurso: __ /__ /__

Candidatos: ______________________

Vagas: ______________________

Relação candidatos/vagas: __________

Final do último concurso: ☐ __ /__ /__

Concurso: ______________________

Cargo: ______________________

Diário Oficial da União: ☐ __ /__ /__

Comissão: ☐ __ /__ /__

Banca: ☐ ______________________

Edital: ☐ __ /__ /__

Último concurso: __ /__ /__

Candidatos: ______________________

Vagas: ______________________

Relação candidatos/vagas: __________

Final do último concurso: ☐ __ /__ /

Concurso: ______________________

Cargo: ______________________

Diário Oficial da União: ☐ __ /__ /__

Comissão: ☐ __ /__ /__

Banca: ☐ ______________________

Edital: ☐ __ /__ /__

Último concurso: __ /__ /__

Candidatos: ______________________

Vagas: ______________________

Relação candidatos/vagas: __________

Final do último concurso: ☐ __ /__ /__

Concurso: ______________________

Cargo: ______________________

Diário Oficial da União: ☐ __ /__ /_

Comissão: ☐ __ /__ /__

Banca: ☐ ______________________

Edital: ☐ __ /__ /__

Último concurso: __ /__ /__

Candidatos: ______________________

Vagas: ______________________

Relação candidatos/vagas: __________

Final do último concurso: ☐ __ /__

le Tramitação

ncurso: ______________________

rgo: ______________________

ário Oficial da União: ☐ ___ /___ /___

missão: ☐ ___ /___ /___

nca: ☐ ______________________

ital: ☐ ___ /___ /___

imo concurso: ___ /___ /___

ndidatos: ______________________

jas: ______________________

ação candidatos/vagas: ____________

al do último concurso: ☐ ___ /___ /___

Concurso: ______________________

Cargo: ______________________

Diário Oficial da União: ☐ ___ /___ /___

Comissão: ☐ ___ /___ /___

Banca: ☐ ______________________

Edital: ☐ ___ /___ /___

Último concurso: ___ /___ /___

Candidatos: ______________________

Vagas: ______________________

Relação candidatos/vagas: ____________

Final do último concurso: ☐ ___ /___ /___

curso: ______________________

go: ______________________

rio Oficial da União: ☐ ___ /___ /___

issão: ☐ ___ /___ /___

ca: ☐ ______________________

al: ☐ ___ /___ /___

mo concurso: ___ /___ /___

didatos: ______________________

s: ______________________

ção candidatos/vagas: ____________

. do último concurso: ☐ ___ /___ /___

Concurso: ______________________

Cargo: ______________________

Diário Oficial da União: ☐ ___ /___ /___

Comissão: ☐ ___ /___ /___

Banca: ☐ ______________________

Edital: ☐ ___ /___ /___

Último concurso: ___ /___ /___

Candidatos: ______________________

Vagas: ______________________

Relação candidatos/vagas: ____________

Final do último concurso: ☐ ___ /___ /___

Editais Sistematizados

Concurso ______________________________ Data

Cargo ______________________________

Nível ______________ Banca ______________

Data do Edital ___ / ___ / ___ Período das inscrições ___ / ___ / ___ a ___ / ___ / ___

Disciplina	Nº. de Questões	Peso	doutrina	legislação	jurisprudência	questões
			☐	☐	☐	☐
			☐	☐	☐	☐
			☐	☐	☐	☐
			☐	☐	☐	☐
			☐	☐	☐	☐
			☐	☐	☐	☐
			☐	☐	☐	☐
			☐	☐	☐	☐
			☐	☐	☐	☐
			☐	☐	☐	☐
			☐	☐	☐	☐
			☐	☐	☐	☐
			☐	☐	☐	☐
			☐	☐	☐	☐
			☐	☐	☐	☐
			☐	☐	☐	☐
			☐	☐	☐	☐
			☐	☐	☐	☐
			☐	☐	☐	☐
			☐	☐	☐	☐

Editais Sistematizados

Concurso ____ Data

Cargo ____

Nível ______________________ Banca ______________

Data do Edital ___ / ___ / ___ Período das inscrições ___ / ___ / ___ a ___ / ___ / ___

Disciplina	Nº. de Questões	Peso	doutrina	legislação	jurisprudência	questões
			☐	☐	☐	☐
			☐	☐	☐	☐
			☐	☐	☐	☐
			☐	☐	☐	☐
			☐	☐	☐	☐
			☐	☐	☐	☐
			☐	☐	☐	☐
			☐	☐	☐	☐
			☐	☐	☐	☐
			☐	☐	☐	☐
			☐	☐	☐	☐
			☐	☐	☐	☐
			☐	☐	☐	☐
			☐	☐	☐	☐
			☐	☐	☐	☐
			☐	☐	☐	☐
			☐	☐	☐	☐
			☐	☐	☐	☐
			☐	☐	☐	☐
			☐	☐	☐	☐

Editais Sistematizados

Concurso ______________________________ Data

Cargo ______________________________

Nível ______________ Banca ______________

Data do Edital ___ / ___ / ___ Período das inscrições ___ / ___ / ___ a ___ / ___ / ___

Disciplina	Nº. de Questões	Peso	doutrina	legislação	jurisprudência	questões
			☐	☐	☐	☐
			☐	☐	☐	☐
			☐	☐	☐	☐
			☐	☐	☐	☐
			☐	☐	☐	☐
			☐	☐	☐	☐
			☐	☐	☐	☐
			☐	☐	☐	☐
			☐	☐	☐	☐
			☐	☐	☐	☐
			☐	☐	☐	☐
			☐	☐	☐	☐
			☐	☐	☐	☐
			☐	☐	☐	☐
			☐	☐	☐	☐
			☐	☐	☐	☐
			☐	☐	☐	☐
			☐	☐	☐	☐
			☐	☐	☐	☐
			☐	☐	☐	☐

Editais Sistematizados

Concurso ______________________________

Data

Cargo ______________________________

Nível ______________ Banca ______________

Data do Edital ___ / ___ / ___ Período das inscrições ___ / ___ / ___ a ___ / ___ / ___

Disciplina	Nº. de Questões	Peso	doutrina	legislação	jurisprudência	questões
			☐	☐	☐	☐
			☐	☐	☐	☐
			☐	☐	☐	☐
			☐	☐	☐	☐
			☐	☐	☐	☐
			☐	☐	☐	☐
			☐	☐	☐	☐
			☐	☐	☐	☐
			☐	☐	☐	☐
			☐	☐	☐	☐
			☐	☐	☐	☐
			☐	☐	☐	☐
			☐	☐	☐	☐
			☐	☐	☐	☐
			☐	☐	☐	☐
			☐	☐	☐	☐
			☐	☐	☐	☐
			☐	☐	☐	☐
			☐	☐	☐	☐
			☐	☐	☐	☐

Editais Sistematizados

Concurso ______________________________ Data

Cargo ______________________________

Nível ____________ Banca ____________

Data do Edital ___ / ___ / ___ Período das inscrições ___ / ___ / ___ a ___ / ___ / ___

Disciplina	Nº. de Questões	Peso	doutrina	legislação	jurisprudência	questões
			☐	☐	☐	☐
			☐	☐	☐	☐
			☐	☐	☐	☐
			☐	☐	☐	☐
			☐	☐	☐	☐
			☐	☐	☐	☐
			☐	☐	☐	☐
			☐	☐	☐	☐
			☐	☐	☐	☐
			☐	☐	☐	☐
			☐	☐	☐	☐
			☐	☐	☐	☐
			☐	☐	☐	☐
			☐	☐	☐	☐
			☐	☐	☐	☐
			☐	☐	☐	☐
			☐	☐	☐	☐
			☐	☐	☐	☐
			☐	☐	☐	☐
			☐	☐	☐	☐

Editais Sistematizados

Concurso ____________________

Cargo ____________________

Nível ____________ Banca ____________

Data do Edital ___ / ___ / ___ Período das inscrições ___ / ___ / ___ a ___ / ___ / ___

Data

Disciplina	Nº. de Questões	Peso	doutrina	legislação	jurisprudência	questões
			☐	☐	☐	☐
			☐	☐	☐	☐
			☐	☐	☐	☐
			☐	☐	☐	☐
			☐	☐	☐	☐
			☐	☐	☐	☐
			☐	☐	☐	☐
			☐	☐	☐	☐
			☐	☐	☐	☐
			☐	☐	☐	☐
			☐	☐	☐	☐
			☐	☐	☐	☐
			☐	☐	☐	☐
			☐	☐	☐	☐
			☐	☐	☐	☐
			☐	☐	☐	☐
			☐	☐	☐	☐
			☐	☐	☐	☐
			☐	☐	☐	☐
			☐	☐	☐	☐

Editais Sistematizados

Concurso ______________________________ Data

Cargo ______________________________

Nível ______________ Banca ______________

Data do Edital ___ / ___ / ___ Período das inscrições ___ / ___ / ___ a ___ / ___ / ___

Disciplina	Nº. de Questões	Peso	doutrina	legislação	jurisprudência	questões
			☐	☐	☐	☐
			☐	☐	☐	☐
			☐	☐	☐	☐
			☐	☐	☐	☐
			☐	☐	☐	☐
			☐	☐	☐	☐
			☐	☐	☐	☐
			☐	☐	☐	☐
			☐	☐	☐	☐
			☐	☐	☐	☐
			☐	☐	☐	☐
			☐	☐	☐	☐
			☐	☐	☐	☐
			☐	☐	☐	☐
			☐	☐	☐	☐
			☐	☐	☐	☐
			☐	☐	☐	☐
			☐	☐	☐	☐
			☐	☐	☐	☐
			☐	☐	☐	☐

Editais Sistematizados

Concurso ______________________________ | Data

Cargo ______________________________

Nível ______________ Banca ______________

Data do Edital ___ / ___ / ___ Período das inscrições ___ / ___ / ___ a ___ / ___ / ___

Disciplina	Nº. de Questões	Peso	doutrina	legislação	jurisprudência	questões
			☐	☐	☐	☐
			☐	☐	☐	☐
			☐	☐	☐	☐
			☐	☐	☐	☐
			☐	☐	☐	☐
			☐	☐	☐	☐
			☐	☐	☐	☐
			☐	☐	☐	☐
			☐	☐	☐	☐
			☐	☐	☐	☐
			☐	☐	☐	☐
			☐	☐	☐	☐
			☐	☐	☐	☐
			☐	☐	☐	☐
			☐	☐	☐	☐
			☐	☐	☐	☐
			☐	☐	☐	☐
			☐	☐	☐	☐
			☐	☐	☐	☐
			☐	☐	☐	☐

Editais Sistematizados

Concurso ____

Cargo ____

Nível ______________________________ Banca __________________

Data do Edital ___ / ___ / ___ Período das inscrições ___ / ___ / ___ a ___ / ___ / ___

Data

Disciplina	Nº. de Questões	Peso	doutrina	legislação	jurisprudência	questões
			☐	☐	☐	☐
			☐	☐	☐	☐
			☐	☐	☐	☐
			☐	☐	☐	☐
			☐	☐	☐	☐
			☐	☐	☐	☐
			☐	☐	☐	☐
			☐	☐	☐	☐
			☐	☐	☐	☐
			☐	☐	☐	☐
			☐	☐	☐	☐
			☐	☐	☐	☐
			☐	☐	☐	☐
			☐	☐	☐	☐
			☐	☐	☐	☐
			☐	☐	☐	☐
			☐	☐	☐	☐
			☐	☐	☐	☐
			☐	☐	☐	☐
			☐	☐	☐	☐

Editais Sistematizados

Concurso ____

Cargo ____

Nível ______________________ Banca ______________

Data

Data do Edital ___ / ___ / ___ Período das inscrições ___ / ___ / ___ a ___ / ___ / ___

Disciplina	Nº. de Questões	Peso	doutrina	legislação	jurisprudência	questões
			☐	☐	☐	☐
			☐	☐	☐	☐
			☐	☐	☐	☐
			☐	☐	☐	☐
			☐	☐	☐	☐
			☐	☐	☐	☐
			☐	☐	☐	☐
			☐	☐	☐	☐
			☐	☐	☐	☐
			☐	☐	☐	☐
			☐	☐	☐	☐
			☐	☐	☐	☐
			☐	☐	☐	☐
			☐	☐	☐	☐
			☐	☐	☐	☐
			☐	☐	☐	☐
			☐	☐	☐	☐
			☐	☐	☐	☐
			☐	☐	☐	☐
			☐	☐	☐	☐

É dia de prova!

Prova ______________________ Data ___ /___ / ___ Hora ________

Local ____

Endereço ____

Distância de casa/hospedagem ________ Tempo de deslocamento ________

Como vou até lá ______________________ Localizador ________

Checklist

- ☐ Compra passagem
- ☐ Reserva Hotel
- ☐ RG ☐ CPF
- ☐ Caneta Azul ☐ Caneta Preta
- ☐ Ficha de Inscrição
- ☐ Legislação ☐ Lanche

o que deu certo?

podia ser melhor se...

ANOTAÇÕES

Resultados das Provas

Concurso ____________________ Data

Cargo ____________________

Nível ____________ Banca ____________

Tempo de preparo prévio (1) (2) (3) (4) (5) (6) (7) (8) (9) (10) (11) (12) meses (1) (2) (3) (4) (5) anos

Disciplina	Dificuldade	Questões	Peso	Acertos	Aproveitamento
					10 … 100
					10 … 100
					10 … 100
					10 … 100
					10 … 100
					10 … 100
					10 … 100
					10 … 100
					10 … 100
					10 … 100
					10 … 100
					10 … 100
					10 … 100
					10 … 100
					10 … 100

NESSA PROVA, EU

É dia de prova!

Prova ______________________ Data ___ /___ / ___ Hora ________

Local ____

Endereço ____

Distância de casa/hospedagem ________ Tempo de deslocamento ______

Como vou até lá ______________________ Localizador ________

Checklist

- ☐ Compra passagem
- ☐ Reserva Hotel
- ☐ RG ☐ CPF
- ☐ Caneta Azul ☐ Caneta Preta
- ☐ Ficha de Inscrição
- ☐ Legislação ☐ Lanche

o que deu certo?

podia ser melhor se...

ANOTAÇÕES

Resultados das Provas

Concurso ______________________________

Cargo ______________________________

Nível ______________ Banca ______________

Data

Tempo de preparo prévio (1) (2) (3) (4) (5) (6) (7) (8) (9) (10) (11) (12) meses (1) (2) (3) (4) (5) anos

Disciplina	Dificuldade	Questões	Peso	Acertos	Aproveitamento
					10 100
					10 100
					10 100
					10 100
					10 100
					10 100
					10 100
					10 100
					10 100
					10 100
					10 100
					10 100
					10 100
					10 100
					10 100

NESSA PROVA, EU

É dia de prova!

Prova ______________________ Data ___ /___ / ____ Hora ________

Local ____

Endereço ____

Distância de casa/hospedagem __________ Tempo de deslocamento ________

Como vou até lá ______________________ Localizador ____________

Checklist

- ☐ Compra passagem
- ☐ Reserva Hotel
- ☐ RG ☐ CPF
- ☐ Caneta Azul ☐ Caneta Preta
- ☐ Ficha de Inscrição
- ☐ Legislação ☐ Lanche

o que deu certo?

podia ser melhor se...

ANOTAÇÕES

Resultados das Provas

Concurso ____________________

Data

Cargo ____________________

Nível ____________ Banca ____________

Tempo de preparo prévio (1) (2) (3) (4) (5) (6) (7) (8) (9) (10) (11) (12) meses (1) (2) (3) (4) (5) anos

Disciplina	Dificuldade	Questões	Peso	Acertos	Aproveitamento
					10 … 100
					10 … 100
					10 … 100
					10 … 100
					10 … 100
					10 … 100
					10 … 100
					10 … 100
					10 … 100
					10 … 100
					10 … 100
					10 … 100
					10 … 100
					10 … 100
					10 … 100

NESSA PROVA, EU

É dia de prova!

Prova ______________________ Data ___ /___ / ____ Hora ________

Local ____

Endereço ____

Distância de casa/hospedagem __________ Tempo de deslocamento ________

Como vou até lá _________________________ Localizador __________

Checklist

- ☐ Compra passagem
- ☐ Reserva Hotel
- ☐ RG ☐ CPF
- ☐ Caneta Azul ☐ Caneta Preta
- ☐ Ficha de Inscrição
- ☐ Legislação ☐ Lanche

o que deu certo?

podia ser melhor se...

ANOTAÇÕES

Resultados das Provas

Concurso ______________________

Cargo ______________________

Nível ______________ Banca ______________

Data

Tempo de preparo prévio (1) (2) (3) (4) (5) (6) (7) (8) (9) (10) (11) (12) meses (1) (2) (3) (4) (5) anos

Disciplina	Dificuldade	Questões	Peso	Acertos	Aproveitamento
					10 □ □ □ □ □ □ □ □ 100
					10 □ □ □ □ □ □ □ □ 100
					10 □ □ □ □ □ □ □ □ 100
					10 □ □ □ □ □ □ □ □ 100
					10 □ □ □ □ □ □ □ □ 100
					10 □ □ □ □ □ □ □ □ 100
					10 □ □ □ □ □ □ □ □ 100
					10 □ □ □ □ □ □ □ □ 100
					10 □ □ □ □ □ □ □ □ 100
					10 □ □ □ □ □ □ □ □ 100
					10 □ □ □ □ □ □ □ □ 100
					10 □ □ □ □ □ □ □ □ 100
					10 □ □ □ □ □ □ □ □ 100
					10 □ □ □ □ □ □ □ □ 100
					10 □ □ □ □ □ □ □ □ 100

NESSA PROVA, EU

É dia de prova!

Prova ______________________ Data ___ /___ / ___ Hora ______

Local ____

Endereço ____

Distância de casa/hospedagem ________ Tempo de deslocamento ______

Como vou até lá ____________________ Localizador ______

Checklist

- ☐ Compra passagem
- ☐ Reserva Hotel
- ☐ RG ☐ CPF
- ☐ Caneta Azúl ☐ Caneta Preta
- ☐ Ficha de Inscrição
- ☐ Legislação ☐ Lanche

o que deu certo?

podia ser melhor se...

ANOTAÇÕES

Resultados das Provas

Concurso ______________________________

Cargo ______________________________

Nível ______________ Banca ______________

Data

Tempo de preparo prévio (1) (2) (3) (4) (5) (6) (7) (8) (9) (10) (11) (12) meses (1) (2) (3) (4) (5) anos

Disciplina	Dificuldade	Questões	Peso	Acertos	Aproveitamento
					10 … 100
					10 … 100
					10 … 100
					10 … 100
					10 … 100
					10 … 100
					10 … 100
					10 … 100
					10 … 100
					10 … 100
					10 … 100
					10 … 100
					10 … 100
					10 … 100
					10 … 100

NESSA PROVA, EU

É dia de prova!

Prova ______________________ Data ___ /___ / ____ Hora ________

Local ____

Endereço ____

Distância de casa/hospedagem __________ Tempo de deslocamento ________

Como vou até lá ______________________ Localizador __________

Checklist

- ☐ Compra passagem
- ☐ Reserva Hotel
- ☐ RG ☐ CPF
- ☐ Caneta Azul ☐ Caneta Preta
- ☐ Ficha de Inscrição
- ☐ Legislação ☐ Lanche

o que deu certo?

podia ser melhor se...

ANOTAÇÕES

Resultados das Provas

Concurso ____

Cargo ____

Nível ______________________ Banca ______________________

Data

Tempo de preparo prévio (1) (2) (3) (4) (5) (6) (7) (8) (9) (10) (11) (12) meses (1) (2) (3) (4) (5) anos

Disciplina	Dificuldade	Questões	Peso	Acertos	Aproveitamento
					10 … 100
					10 … 100
					10 … 100
					10 … 100
					10 … 100
					10 … 100
					10 … 100
					10 … 100
					10 … 100
					10 … 100
					10 … 100
					10 … 100
					10 … 100
					10 … 100
					10 … 100

NESSA PROVA, EU

É dia de prova!

Prova ______________________ Data ___ /___ / ___ Hora _______

Local ____

Endereço ____

Distância de casa/hospedagem ________ Tempo de deslocamento ________

Como vou até lá ______________________ Localizador ________

Checklist

- ☐ Compra passagem
- ☐ Reserva Hotel
- ☐ RG ☐ CPF
- ☐ Caneta Azul ☐ Caneta Preta
- ☐ Ficha de Inscrição
- ☐ Legislação ☐ Lanche

o que deu certo?

podia ser melhor se...

ANOTAÇÕES

Resultados das Provas

Concurso ____________________

Cargo ____________________

Nível ____________ Banca ____________

Data

Tempo de preparo prévio (1) (2) (3) (4) (5) (6) (7) (8) (9) (10) (11) (12) meses (1) (2) (3) (4) (5) anos

Disciplina	Dificuldade	Questões	Peso	Acertos	Aproveitamento
					10 ☐☐☐☐☐☐☐☐ 100
					10 ☐☐☐☐☐☐☐☐ 100
					10 ☐☐☐☐☐☐☐☐ 100
					10 ☐☐☐☐☐☐☐☐ 100
					10 ☐☐☐☐☐☐☐☐ 100
					10 ☐☐☐☐☐☐☐☐ 100
					10 ☐☐☐☐☐☐☐☐ 100
					10 ☐☐☐☐☐☐☐☐ 100
					10 ☐☐☐☐☐☐☐☐ 100
					10 ☐☐☐☐☐☐☐☐ 100
					10 ☐☐☐☐☐☐☐☐ 100
					10 ☐☐☐☐☐☐☐☐ 100
					10 ☐☐☐☐☐☐☐☐ 100
					10 ☐☐☐☐☐☐☐☐ 100
					10 ☐☐☐☐☐☐☐☐ 100

NESSA PROVA, EU

É dia de prova!

Prova ______________________ Data ___ /___ / ____ Hora __________

Local ____

Endereço ____

Distância de casa/hospedagem __________ Tempo de deslocamento __________

Como vou até lá ______________________ Localizador __________

Checklist

- ☐ Compra passagem
- ☐ Reserva Hotel
- ☐ RG ☐ CPF
- ☐ Caneta Azul ☐ Caneta Preta
- ☐ Ficha de Inscrição
- ☐ Legislação ☐ Lanche

o que deu certo?

podia ser melhor se...

ANOTAÇÕES

Resultados das Provas

Concurso ______________________________

Cargo ______________________________

Nível ______________ Banca ______________

Data

Tempo de preparo prévio (1) (2) (3) (4) (5) (6) (7) (8) (9) (10) (11) (12) meses (1) (2) (3) (4) (5) anos

Disciplina	Dificuldade	Questões	Peso	Acertos	Aproveitamento
					10 … 100
					10 … 100
					10 … 100
					10 … 100
					10 … 100
					10 … 100
					10 … 100
					10 … 100
					10 … 100
					10 … 100
					10 … 100
					10 … 100
					10 … 100
					10 … 100
					10 … 100

NESSA PROVA, EU

É dia de prova!

Prova ______________________ Data ___ /___ / ___ Hora ________

Local ____

Endereço ____

Distância de casa/hospedagem __________ Tempo de deslocamento ________

Como vou até lá ______________________ Localizador ________

Checklist

- ☐ Compra passagem
- ☐ Reserva Hotel
- ☐ RG ☐ CPF
- ☐ Caneta Azul ☐ Caneta Preta
- ☐ Ficha de Inscrição
- ☐ Legislação ☐ Lanche

o que deu certo?

podia ser melhor se...

ANOTAÇÕES

Resultados das Provas

Concurso ____________________

Cargo ____________________

Nível ____________________ Banca ____________________

Data

Tempo de preparo prévio (1) (2) (3) (4) (5) (6) (7) (8) (9) (10) (11) (12) meses (1) (2) (3) (4) (5) anos

Disciplina	Dificuldade	Questões	Peso	Acertos	Aproveitamento
					10 100
					10 100
					10 100
					10 100
					10 100
					10 100
					10 100
					10 100
					10 100
					10 100
					10 100
					10 100
					10 100
					10 100
					10 100

NESSA PROVA, EU

É dia de prova!

Prova ______________________ Data ___ /___ / ___ Hora ______

Local ______________________

Endereço ______________________

Distância de casa/hospedagem ________ Tempo de deslocamento ________

Como vou até lá ______________________ Localizador ________

Checklist

- ☐ Compra passagem
- ☐ Reserva Hotel
- ☐ RG ☐ CPF
- ☐ Caneta Azul ☐ Caneta Preta
- ☐ Ficha de Inscrição
- ☐ Legislação ☐ Lanche

o que deu certo?

podia ser melhor se...

ANOTAÇÕES

Resultados das Provas

Concurso ______________________

Cargo ______________________

Nível ______________ Banca ______________

Data

Tempo de preparo prévio (1) (2) (3) (4) (5) (6) (7) (8) (9) (10) (11) (12) meses (1) (2) (3) (4) (5) anos

Disciplina	Dificuldade	Questões	Peso	Acertos	Aproveitamento
					10 … 100
					10 … 100
					10 … 100
					10 … 100
					10 … 100
					10 … 100
					10 … 100
					10 … 100
					10 … 100
					10 … 100
					10 … 100
					10 … 100
					10 … 100
					10 … 100
					10 … 100

NESSA PROVA, EU

Súmulas 2025

Súmula nº. ______________ do _______

____

____

____

Súmula nº. ______________ do _______

____

____

____

Súmula nº. ______________ do _______

____

____

____

Súmula nº. ______________ do _______

____

____

____

Súmula nº. ______________ do _______

____

____

____

Súmula nº. ______________ do _______

____

____

____

Súmula nº. ______________ do _______

____

____

____

Súmula nº. ______________ do _______

____

____

____

Súmula nº. ______________ do _______

____

____

____

Súmula nº. ______________ do _______

____

____

____

Súmulas 2025

Súmula nº. _______________ do ________

____

____

____

Súmula nº. _______________ do ________

____

____

____

Súmula nº. _______________ do ________

____

____

____

Súmula nº. _______________ do ________

____

____

____

Súmula nº. _______________ do ________

____

____

____

Súmula nº. _______________ do ________

____

____

____

Súmula nº. _______________ do ________

____

____

____

Súmula nº. _______________ do ________

____

____

____

Súmula nº. _______________ do ________

____

____

____

Súmula nº. _______________ do ________

____

____

____

Súmulas 2025

Súmula nº. ______________ do _______

____

____

____

Súmula nº. ______________ do _______

____

____

____

Súmula nº. ______________ do _______

____

____

____

Súmula nº. ______________ do _______

____

____

____

Súmula nº. ______________ do _______

____

____

____

Súmula nº. ______________ do _______

____

____

____

Súmula nº. ______________ do _______

____

____

____

Súmula nº. ______________ do _______

____

____

____

Súmula nº. ______________ do _______

____

____

____

Súmula nº. ______________ do _______

____

____

____

Novidades Legislativas

Lei nº. ______________________
Assunto: ______________________
Observações: ______________________
____

Lei nº. ______________________
Assunto: ______________________
Observações: ______________________
____

Lei nº. ______________________
Assunto: ______________________
Observações: ______________________
____

Lei nº. ______________________
Assunto: ______________________
Observações: ______________________
____

Lei nº. ______________________
Assunto: ______________________
Observações: ______________________
____

Lei nº. ______________________
Assunto: ______________________
Observações: ______________________
____

Lei nº. ______________________
Assunto: ______________________
Observações: ______________________
____

Lei nº. ______________________
Assunto: ______________________
Observações: ______________________
____

Lei nº. ______________________
Assunto: ______________________
Observações: ______________________
____

Lei nº. ______________________
Assunto: ______________________
Observações: ______________________
____

Novidades Legislativas

Lei nº. ______________________________
Assunto: ______________________________
Observações: ______________________________
____

Lei nº. ______________________________
Assunto: ______________________________
Observações: ______________________________
____

Lei nº. ______________________________
Assunto: ______________________________
Observações: ______________________________
____

Lei nº. ______________________________
Assunto: ______________________________
Observações: ______________________________
____

Lei nº. ______________________________
Assunto: ______________________________
Observações: ______________________________
____

Lei nº. ______________________________
Assunto: ______________________________
Observações: ______________________________
____

Lei nº. ______________________________
Assunto: ______________________________
Observações: ______________________________
____

Lei nº. ______________________________
Assunto: ______________________________
Observações: ______________________________
____

Lei nº. ______________________________
Assunto: ______________________________
Observações: ______________________________
____

Lei nº. ______________________________
Assunto: ______________________________
Observações: ______________________________
____

Novidades Legislativas

Lei nº. ______________________
Assunto: ______________________
Observações: ______________________
____

Lei nº. ______________________
Assunto: ______________________
Observações: ______________________
____

Lei nº. ______________________
Assunto: ______________________
Observações: ______________________
____

Lei nº. ______________________
Assunto: ______________________
Observações: ______________________
____

Lei nº. ______________________
Assunto: ______________________
Observações: ______________________
____

Lei nº. ______________________
Assunto: ______________________
Observações: ______________________
____

Lei nº. ______________________
Assunto: ______________________
Observações: ______________________
____

Lei nº. ______________________
Assunto: ______________________
Observações: ______________________
____

Lei nº. ______________________
Assunto: ______________________
Observações: ______________________
____

Lei nº. ______________________
Assunto: ______________________
Observações: ______________________
____

resumo 2025

CONQUISTAS

EU TENTEI, MAS

ME ORGULHEI DE

TIVE DIFICULDADE EM

COMO ESTOU DIFERENTE?

QUERO ESQUECER

O QUE ME MARCOU MAIS

humor

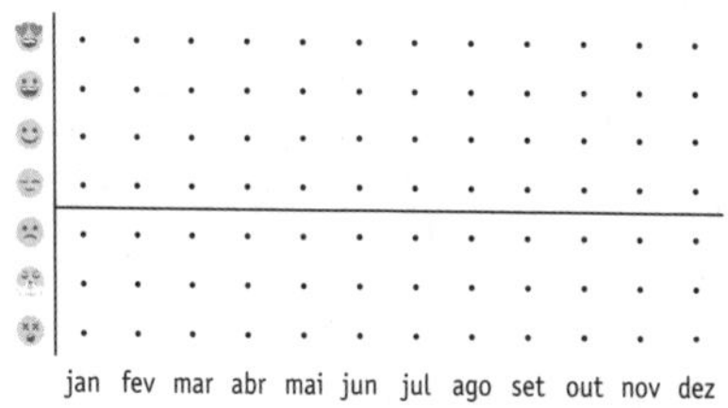

QUERO DEIXAR EM 2025

PESSOAS QUE ME INSPIRARAM

PROJETOS QUE ME INSPIRARAM

O QUE APRENDI E QUERO LEVAR PARA A VIDA

FILMES QUE AMEI

SÉRIES QUE NÃO PERDI

PROJETOS FINALIZADOS

PROJETOS EM ANDAMENTO

PROJETOS PARA 2026

SOU GRATA POR

EVENTOS MARCANTES

SENTIREI SAUDADES

LIVROS QUE DEVOREI

NOVOS AMIGOS

SHOWS INCRÍVEIS

resumo 2025

anotações

em 2026 eu quero

EDITORA
*Jus*PODIVM
www.editorajuspodivm.com.br

Rua Canuto Saraiva, 131 – Mooca – CEP: 03113-010 – São Paulo – São Paulo
Tel: (11) 3582.5757
• Contato: https://www.editorajuspodivm.com.br/central-de-relacionamento

Capa e projeto gráfico: Equipe *Jus*PODIVM

P699 Planner do Concurseiro – Juspodivm / coordenado por Editora Juspodivm – 6.ed., rev., atual. e ampl. - São Paulo: Editora JusPodivm, 2025.
608 p.

Vários autores
Inclui Bibliografia
ISBN: 978-85-442-5505-6

1. Técnica de Estudos e Motivação. I. Editora Juspodivm. II. Título.

CDD 341.5824

BIBLIOTECÁRIA RESPONSÁVEL

Ana Carolina Ribeiro Mois – CRB7 – RJ 007348/0